AF206847

Gedanken zur digitalen Entgiftung
Der Blog 2016 - analog

Jens Glutsch

Manufaktur
für
digitale Selbstverteidigung

Ich widme diese Buch Johanna.

Danke, dass du mich auf Ideen bringst.

Bibliografische Information der Deutschen Nationalbibliothek.

Die Deutsche Nationalbibliothek verzeichnet diese Publikation in der Deutschen Nationalbibliografie; detaillierte bibliografische Daten sind im Internet über http://dnb.dnb.de abrufbar.

1. Auflage

Umschlaggestaltung, Illustration: Jens Glutsch

Lektorat: Jens Glutsch

Foto: Janusch FotoDesign

Herstellung und Verlag: BoD – Books on Demand, Norderstedt

Printed in Germany

ISBN: 9783744819626

Inhaltsverzeichnis

1. Der Blog-Jahresband 2016

Ein Jahr gesammelte Gedanken - organisiert in den großen Themen, die mich in diesem Jahr 2016 voran- und umgetrieben haben.

Ich finde es schlicht zu schade, diese Gedanken nur dem virtuellen Raum des Internets zu überlassen. Schließlich leite ich eine Manufaktur, da geziemt es sich für mich, meine Gedanken auch in guter alter analoger Manier, zu Papier zu bringen. Gut, da gibt es dann sicher noch diejenigen, die das ganze Papier für einen Holzweg halten und der Ansicht sind, wir hätten nie Meißel und Steintafel beiseitelegen sollen. Diesen rufe ich zu: Greift zu Hammer und Meißel und gebt meinen Worten einen dauerhaften Rahmen - in Stein! Besser, als meine Worte dauerhaft in den digitalen Speichern der Internetkonzerne und Geheimdienste zu wissen.

Nun denn, geschätzter Leser, ich wünsche dir viel Spaß beim Stöbern, Erinnern und neu entdecken meiner Gedankensammlung 2016.

2. Privatsphäre? - Warum denn?

2.1 Ich hab doch nix zu verbergen

Als Begründung für den fragwürdigen Umgang mit den eigenen Daten höre ich immer wieder das Argument "Ich habe doch nichts zu verbergen!". An dieser Stelle schüttele ich regelmäßig voller Verwirrung meinen Kopf und ich überlege, ob ich hier möglicherweise einfach sehr stur oder sehr uneinsichtig bin. Bisher habe ich für mich jedes Mal dieselbe Antwort gefunden. Nein, ich bin nicht uneinsichtig und ja, ich habe weiterhin etwas zu verbergen.

Ich will hier einige Punkte aufzeigen, die hoffentlich verdeutlichen, warum ich die Aussage "Ich habe doch nichts zu verbergen!" für kurzsichtig, ja sogar für gefährlich halte.

Wenn jemand sagt "Ich habe doch nix zu verbergen!", zeigt sie oder er auf den ersten Blick zwei Dinge:

1. Sie (oder er) handeln nach seiner (oder ihrer) Überzeugung entsprechend den geltenden Regeln und Konformismen.

2. Er (oder sie) will ein leuchtendes Vorbild an Transparenz sein.

Das sind beide beachtenswerte Ansichten. Nur glaube ich nicht, dass es tatsächlich so ist.

Zu Punkt 1: Ich halte es schlicht für unmöglich, dass sich ein Mensch an alle (zumal diese sich oft genug widersprechen) Regeln und Konformitäten halten kann. Jedem von uns ist schon mehr oder weniger häufig ein Regelverstoß vor die Füße gefallen. Und möglicherweise hält dieser Mensch dies auch gar nicht für maß-geblich, da ihm (oder ihr) dieser Regelverstoß gar nicht aufgefal-len ist. Es kann auch sein, dass dieser Regelverstoß in die persön-liche Grauzone von "ach das ist jetzt aber nicht so schlimm" fällt und daher garnicht als ein solcher betrachtet wird.

Das Blöde bei einem Fehlen der Privatsphäre aber ist, dass es hier einfach keine Grauzone mehr gibt. Alles ist öffentlich. Alles wird nur nac Regeln und Gesetzen bewertet, die eigene Einschätzung einer Situation hat keine Bedeutung mehr. Da ist halt das kurze Halten im Halteverbot ein Verstoß gegen die Gesetze. Da ist das Fußballspielen auf der Wiese ein Regelverstoß.

Es gibt einfach keine persönliche Grauzone mehr, in der man sich selbst ausloten kann. Wenn kein Raum für Privatsphäre da ist, gibt es auch keinen Raum für persönliche Entscheidung.

Zu Punkt 2: Vollkommene Transparenz zu leben ist eine furchtbare Dystopie. Ich denke, dass jeder der versucht dies zu erreichen, zum Scheitern verurteilt ist. Niemand kann vollkommene Transparenz leben. Es ist schlicht unmöglich, weil wir einfach unsere Umwelt mit unseren Eindrücken, Ideen, Gedanken und Gefühlen überfluten würden. Was aber noch viel wichtiger ist, wir können einfach nicht alles von uns preisgeben, da wir sonst uns selbst preisgeben würden. Wir brauchen unsere Privatsphäre einfach dafür, um zu sein.

Wir können uns nur in einem Raum entwickeln, in dem wir ganz wir selbst sein können. Wir brauchen unsere Geheimnisse, wir brauchen unsere Abgründe, die sonst niemand kennt.

Ein weiterer Grund für die Notwendigkeit einer Privatsphäre ist der freie Wille. Wenn alles über uns bekannt ist, haben wir keine Wahl mehr uns für das Richtige zu entscheiden. Wir können uns dann nicht mehr entscheiden, bei Rot über die Ampel zu gehen, weil es sofort öffentlich bekannt sein würde, dass wir einen Regelverstoß begangen haben. Und dieses Wissen, dass alles öffentlich ist, was wir tun, zwingt uns dazu, uns regelkonform zu verhalten. Wir müssten uns immer an alle Regeln und Gesetze halten und hätten einfach nicht mehr die Möglichkeit, uns - und sei es nur insgeheim - abseits der erlaubten Pfade zu bewegen. Es besteht einfach keine Wahlfreiheit mehr für uns, uns richtig oder falsch zu verhalten. Dadurch wird regelkonformes Verhalten zum Zwang und wenn hier Zwang als Grund für das Verhalten vorliegt, ist es nicht mehr gut, weil eben die Wahl, das Richtige zu tun fehlt.

Es geht noch weiter: Unsere Demokratie wäre ad absurdum geführt. Freie, geheime Wahlen wäre nicht mehr möglich. Jeder wüsste, wen und ob wir gewählt haben. Das wäre das Ende unserer frei gewählten Gesellschaftsform.

Zum Abschluss meiner Gedanken möchte ich noch einen ganz konkreten und pragmatischen Hinweis auf die Notwendigkeit von Privatsphäre geben: Passwörter.

Wir alle nutzen Passwörter und niemand kommt auf die Idee, diese Passwörter öffentlich zu machen.

Also schließe ich mit den Worten:

Wir haben alle etwas zu verbergen. Darum meine eindringliche Bitte an euch, macht euch stark für eure Privatsphäre und beginnt mit starken Passwörtern. Vielleicht, indem ihr einen Passwort-Manager wie Master Password[1] oder KeePassX[2] verwendet.

2.2 Wozu brauche ich denn eine Privatsphäre?

"Wozu brauche ich denn Privatsphäre?" Diese Frage taucht oft im Anschluss an meine Gedanken zum Thema *Ich hab doch nix zu verbergen!* auf.

Ich will hier einige Anregungen dafür geben, wozu wir unsere Privatsphäre brauchen und warum ich glaube, dass wir ohne unsere Privatsphäre nicht wir selbst wären.

Jeder von uns braucht einen geistigen Sandkasten, in welchem Ideen betrachtet werden können, ohne dass hier von außen Ein-

---

[1] https://ssl.masterpasswordapp.com/
[2] https://www.keepassx.org/

fluss genommen werden kann. Wir brauchen ein Labor in welchem wir mit Gefühlen und Gedanken experimentieren können, ohne dafür Rechenschaft ablegen zu müssen. Dieser Freiraum gibt uns Kraft unsere Identität zu bewahren.

Individualität

Ich bin überzeugt davon, dass wir ohne unsere Privatsphäre keine Individualität entwickeln, bzw. leben können. Wenn alles über uns bekannt ist, dann können wir keine eigenständige Persönlichkeit entwickeln. Eigene Gedanken, eigene Ideen, ein eigener Kopf etwickelt sich nicht im Scheinwerferlicht der Öffentlichkeit. Hierzu bedarf des dem Kerzenschein der Heimlichlichkeit. Ganz nebenbei wird uns dies sogar in Artikel 2 des Grundgesetzes[1] mit-gegeben.

Entwicklung

Neben der Entfaltung der eigenen Individualität (oh, ein schöner Pleonasmus, fällt mir gerade dabei auf :)), findet auch Wachstum, Wandel und Entwicklung nur im heimlichen Raum der Privat-sphäre statt. Das bringt auch Stephen Fearing in seinem Song *Me & Mr. Blue* schön zum Ausdruck:

> *"Changes always happen best in privacy".*

---

[1] https://de.wikipedia.org/wiki/Artikel_2_des_Grundgeset-zes_f%C3%BCr_die_Bundesrepublik_Deutschland

Wenn wir überwacht werden und unsere Privatsphäre immer weiter eingeschränkt wird, ist für uns einfach keine Entwicklung mehr möglich. Wir werden blasse Kopien der vermeintlichen Idealvorstellungen, die uns durch Medien, Werbung und Gesellschaft vorgehalten werden.

Freier Wille

Wenn alles von uns bekannt ist, wenn jede unserer Entscheidungen öffentlich gemacht ist, haben wir auch keine Möglichkeit mehr uns frei zu entscheiden. Wenn wir uns lediglich an Recht und Gesetz halten können, weil jede unserer davon abweichenden Handlungen als falsch vorgeworfen und entsprechend geahndet wird, nimmt uns dies unseren freien Willen. Eine Handlung, die nur in dieser Form ausgeführt wird, weil wir wissen, dass wir überwacht werden, verliert jeden Anspruch daran, gut zu sein. Die Entscheidung, ob etwas richtig oder falsch ist, liegt in unserem eigenen Ermessen und nicht darin, ob die Gesellschaft dies als richtig oder falsch festlegt. Wird uns dieser Ermessensspielraum dadurch genommen, dass wir keine Privatsphäre mehr haben, um diesen Ermessensspielraum auszuloten, dann verlieren wir auch unseren freien Willen und werden zu reinen Befehlsempfängern degradiert.

Kreativität

Nur im sicheren Raum unserer Privatsphäre ist Kreativität möglich. Neue Ideen müssen im Geheimen entstehen. Die Öffentlichkeit unterdrückt ungewöhnliche Gedanken und kopiert lieber allseits Bekanntes. Wenn kein Raum für unpopuläre Ideen vorhanden ist, wird der Mainstream einfach immer wieder in einer neuen Verkleidung hochstilisiert. Das ist langweilig. Das bringt uns nicht weiter. Wirklich Neues entsteht nur im Privaten. Wird aber eine neue Idee gleich an die Öffentlichkeit gezerrt, weil es einfach keine Privatsphäre mehr gibt, ist diese gleich dem Vergleich mit dem Mainstream ausgesetzt und hat hier nur, als junge, ungezähmte Idee, wenig Kraft sich zu entwickeln. Wächst diese Idee jedoch in einem geschützten und geheimen Bereich der Privatsphäre heran, so ist sie kräftig genug, um sich freiwillig der Öffentlichkeit zu präsentieren.

Schutz vor Manipulierbarkeit

Unsere Privatsphäre ist auch ein stabiler Schutzwall gegen die immer stärker zunehmende Manipulation unseres Lebens, unserer Entscheidungen. Datensammler versuchen, unsere Privatsphäre immer stärker einzuschränken, damit sie immer bessere Profile von uns erstellen können. Diese Profile geben mehr und bessere Ansatzpunkte, um uns zu manipulieren. Wenn wir jedoch unsere Privatsphäre stärken, indem wir weniger über uns preisgeben, schützen wir uns vor desen Manipulationsversuchen.

Was können wir jetzt jedoch konkret tun, um unsere Privatsphäre zu schützen?

Mein Tipp heute lautet:

Seid datensparsam! Überlegt, bevor ihr etwas postet. Überlegt, ob es notwendig ist. Überlegt, ob es hilfreich ist. Überlegt, ob es freundlich ist. Und falls eines davon nicht zutrifft, halte ich mich an Oscar Wilde:

> *"Gesegnet seien jene, die nichts zu sagen haben und den Mund halten."*

2.3 Wie unsere Privatsphäre beschränkt wird

Nachdem wir nun einige Ideen haben, warum wir unsere Privatsphäre schützen sollten, gebe ich jetzt einige Hinweise darauf, wodurch unsere Privatsphäre beschränkt wird.

Ich habe manchmal das leichte Gefühl paranoid zu sein - aber bloß, weil alle hinter dir her sind, heißt das ja noch lange nicht, dass ich unter Verfolgungswahn leide ;)

So ungefähr können wir uns gut die Situation vorstellen, in der wir leben - meistens ohne das wir es bewusst mitbekommen.

Aber ganz im Spaß (ernsthaft möchte ich unsere Lage wirklich nicht bewerten, sonst verliere ich noch den Spaß am Leben - und das wär wirklich blöd), wir werden schon von ganz schön vielen Seiten in unserer Privatsphäre eingeschränkt.

Es fängt beim Staat an, geht weiter über die verschiedenen Geheimdienste (und da hören wir erstaunlicherweise meistens nur von den "befreundeten" Diensten ... da will ich wirklich gar nicht wissen, wie die Nachrichtendienste der "unfreundlichen" Staaten uns aushorchen), Unternehmen, die nur unser Bestes wollen (nämlich unsere Daten) und endet schließlich bei uns selbst!

Ja, das ist jetzt der Moment für betretenes Schweigen.

Letztendlich sind wir selbst unser größter Feind.

Aber dazu komme ich noch später.

Ich fange jetzt mal beim Großen an und arbeite mich dann durch bis zum Kleinen. Allerdings ist das keine Wertung in der Reihenfolge. Jede Form der Überwachung ist schlimm.

Die Einschränkung unserer Privatsphäre findet bei diesen unterschiedlichen Überwachern auf verschiedenen Ebenen statt, was ihnen jedoch meiner Meinung nach gemein ist (was ganz schön gemein ist [Verzeihung, ich hatte heute einen Clown zum Frühstück]), ist die Tatsache, dass alle dadurch Kontrolle über uns ausüben wollen.

Und darauf habe ich mal so überhaupt keinen Bock.

Genug der Vorrede, los gehts.

Der Staat.

Unser lieber Staat (egal welcher Couleur die aktuelle Regierung ist, da ist Rot so Schwarz wie Grün eher ins Olivegrüne und Braun auch nicht mehr von Gelb, Lila gepunktet oder Grau zu unterscheiden ist), möchte unsere Daten. Zum Terrorschutz. Zur besseren Altersvorsorge. Damit wir wissen, wie viele Gürteltiere so pro vermietetem Quadratmeter leben oder wo noch ein Atommüllendlager entstehen kann, ohne dass zu viele Steuerhinterzieher auf die Cayman Islands verschwinden. Egal welches Argument dafür aus dem Fabulierlexikon der Lobbyisten gezogen wird oder welche tote Sau mal wieder durch das politische Dorf gejagt wird - es hat alles nur den Grund mehr Kontrolle über uns zu erlangen. Und ein mehr an Kontrolle erreicht man sehr einfach durch ein weniger an Privatsphäre. Denn: Wissen ist Macht.

Für diesen Zweck werden dann so brandgefährliche, weil vollkommen unsichere Spielzeuge wie der elektronische Ausweis[1] oder vollkommen untaugliche und rechtswidrige Maßnahmen wie die Vorratsdatenspeicherung[2] angeleiert.

Geheimdienste.

Unsere Freunde. Die, die man ja nicht überwacht. Das sind die Besten. Vermutlich sogar die Besten der Besten der Besten, Sir!

---

[1] https://www.ccc.de/de/updates/2013/epa-mit-virenschutzprogramm
[2] http://blog.data-detox.de/2015/12/22/sie-ist-wieder-da/

Naja, zumindest was der Ideenreichtum und die Skrupellosigkeit bei ihrer Datenschnüffelei angeht. Egal ob BND, NSA[1] oder GCHQ[2], alle machen sie mit. Hören unsere Telefonate ab, lesen unsere E-Mails und werten unsere Kreditkartenabrechnungen aus.

Von Privatsphäre ist da keine Rede mehr - höchstens als irgendetwas, das möglichst schnell für "den höheren Zweck", das "Allgemeinwohl" oder die "Terrorabwehr[3]" geopfert werden muss. Wir müssen halt Opfer bringen für unsere Sicherheit. Als ob auch nur ein Terroranschlag verhindert worden wäre durch die nahezu vollkommene Überwachung dieser Maschinerie die Orwell sich noch nicht mal in seinen wüstesten Träumen ausmalen konnte. Dieses irrsinnige Missverhältnis von milliardenfacher Massenüberwachung, um eine Handvoll Terroristen zu verfolgen. Diese Terroristen müssen Monster leviathanischen Ausmaßes sein, wenn sie bei den Geheimdiensten solche Ängste auslösen, dass hier die Privatsphäre von Milliarden Menschen geopfert wird, um so ein paar Irre zu verfolgen.

---

[1] http://www.zeit.de/digital/datenschutz/2015-08/xkeyscore-nsa-verfassungs-schutz/komplettansicht
[2] https://theintercept.com/2015/09/25/gchq-radio-porn-spies-track-web-users-online-identities/
[3] https://theintercept.com/2015/11/17/u-s-mass-surveillance-has-no-record-of-thwarting-large-terror-attacks-regardless-of-snowden-leaks/

Unternehmen.

Unternehmen schränken unsere Privatsphäre von einer ganz anderen Seite her ein. Diese werten die Daten, die sie bereits über uns besitzen aus, um daraus noch weitere Werte über uns zu berechnen. Die Datenkraken setzen komplexe (und am Rande bemerkt höchst geheime) Algorithmen[1] ein, um unsere Kreditwürdigkeit zu berechnen, um uns Vorschläge zu machen, was wir doch bitte als Nächstes kaufen sollten, welches Lied wir jetzt am besten hören mögen, welchen Film wir gleich schauen sollten und wohin unsere nächste Urlaubsreise gehen muss.

Das tun diese unternehmerischen Gutmenschen natürlich nur für uns. Natürlich.

Drauf gepfiffen! Ich will das nicht! Ich will entscheiden, was ich als Nächstes esse, welches Lied ich höre, wohin und wie ich meine nächste Reise mache. Es ist schon schlimm genug, dass sich diese, diese Datenmonster anmaßen mich zu kennen, die Vorstellung haben, mich verstanden zu haben. Zu wissen wie ich ticke. Ach! Ihr armen Technologie-Jünger, ihr tut mir leid! Nichts wisst ihr. Ihr gaukelt euren Kunden - ich will lieber sagen: Euren Datenquellen - vor, ihr würdet jeden individuell behandeln. Nein, das wollt ihr

---

[1] https://www.schneier.com/blog/archives/2016/01/replacing_judgm.html

nicht. Ihr wollt, dass alle gleich sind, denn dadurch steigt euer Profit nämlich viel besser.

Wir selbst.

Endlich bin ich beim Kern unserer Beschränkung angekommen. Es ist eine Selbstbeschränkung, nein eine Selbstverstümmelung gar. Wir selbst sind unser schlimmster Feind. Wir selbst überwachen uns am stärksten. Freiwillig! Wir liefern schön artig unsere Schlafzyklen ab. Wir lassen unsere Schritte zählen. Teilen großzügig der Welt mit, wann wir Sex haben weil unser smarter Thermostat einen Anstieg der Raumtemperatur und Luftfeuchtigkeit im Schlafzimmer feststellt, posten unseren Blutdruck durch unser „Fitness"-Armband, vermessen unseren Blutzuckerspiegel durch intelligente Kontaktlinsen[1] und sagen wirklich ständig wann wir wo sind durch die Geodaten, die wir mit Fotos teilen oder durch die Routenberechnung mit GoogleMaps in unseren Smartphones.

Und noch mehr: Wir liefern die Bilder unserer eigenen Heimüberwachungskameras freiwillig ab, damit diese von Gesichtserkennungsprogrammen[2] ausgewertet werden können.

Sind wir denn noch zu retten?

---

[1] http://www.zeit.de/digital/2014-01/google-kontaktlinse-diabetes
[2] https://netzpolitik.org/2012/facewatch-id-grosbritannien-startet-denunziation-app/

Ja. Ich bin überzeugt davon, denn ich habe Ideen und Gedanken dazu, wie wir uns selbst retten können. Denn genauso wir selbst verschuldet in diesen Überwachungsalbtraum eingetaucht sind, genauso können wir uns selbstverantwortlich daraus befreien.

Und ich kann euch dabei helfen.

2.4 Wie kann ich meine Privatsphäre schützen?

Also schön.

Langsam dringt es durch die Hornhaut auf meiner Seele zu mir durch, dass ich selbst etwas tun muss, um meine Privatsphäre zu schützen, um mich nicht selbst in diesem ganzen Datenmüll zu verlieren.

Aber was? Und wo fang ich an?

Fang an, wo du bist. Jetzt. Hier. Setz dir nicht erst einen Startpunkt in der Zukunft, weil dann fängst du nie an.

Es ist auch wirklich nicht schwer anzufangen. Wir müssen nicht komplett alles, was wir bisher getan haben umkrempeln und auf den digitalen Müll werfen, sondern wir können Schritt für Schritt anfangen, unsere Privatsphäre zurückzuerobern und zu stärken.

Lüge, betrüge und täusche

Wir riskieren unsere Privatsphäre stark dadurch, dass wir zu viel von uns preisgeben - und das nutzen die Datenkraken dreist aus. Sie sammeln alles, was sie von uns bekommen können - und bereitwillig geben wir es ihnen. Es werden in so vielen Formularen so viele Daten von uns abgefragt, von der Schuhgröße unseres Hamsters über unsere Lieblingsfarbe der Gardinen bis zu unseren Geburtstagen, Geschlecht, zweiter Vorname der Schwiegermutter und all solche Sachen, die meistens vollkommen unnötig für die Erbringung der Dienstleistung sind, die wir an dieser Stelle in Anspruch nehmen wollen.

Ein Musik-Streaming-Dienst braucht deine Adresse nicht, um dir Musik zu liefern. Sie wird gestreamt, nicht von der Post ausgetragen.

Und die Schuhgröße deines Hamsters muss auch niemand erfahren - es sei denn du bestellst Schuhe für deinen Hamster.

Deswegen ist mein Rat: Lüge! Betrüge! Täusche!

Gib - wenn es sich denn um ein Pflichtfeld handelt - falsche Daten an.

Die Datenkraken belügen dich auch - also warum zahlen wir es ihnen nicht mit gleicher Münze heim? Wir haben nichts davon, wenn wir den Datensammlern diese Daten geben - also wenn sie Daten haben wollen - dann geben wir ihnen Datenmüll!

Erst denken - dann posten

Wir geben unsere Privatsphäre auch an anderer Stelle ganz freiwillig auf. Niemand zwingt uns dazu, wir tun es einfach so. Wir machen uns ganz selbstverständlich und ohne Zwang datennackt. Wir begehen an uns selbst Datenmissbrauch, wenn wir ständig jeden Moment unseres Lebens posten, anstatt ihn zu genießen. Niemand will sehen, was ich diesen Abend zu essen auf dem Tisch habe. Kein Mensch muss wissen, dass ich - erstaunlicherweise - auch an diesem Abend auf die S-Bahn warte, um nach Hause zu fahren.

Niemanden interessiert das. Auch dich nicht mehr, nachdem du es gepostet hast.

Deswegen ist ein ganz einfacher Schutz deiner Privatsphäre: erst denken, dann posten.

Zähle bis zehn, dann überleg dir, ob es sinnvoll, hilfreich und gut ist, was du gerade posten willst.

Kannst du all diese Fragen klar mit "ja" beantworten, dann meinetwegen, poste es.

Ansonsten genieße einfach den Moment und behalte ihn für dich!

Niemand muss alles über dich wissen - schon gar nicht Facebook

Gib einfach nicht alle Daten preis! Facebook und andere asozialen Plattformen vermitteln dir den Eindruck, dass du viel tiefer und erfolgreicher in diesem oder jenem Netzwerk eingebunden bist, je mehr du über dich preisgibst! Deine Lieblingsfilme! Deine Fernsehserien für die du sogar deine Mutter verkaufen würdest, um sie nicht zu verpassen! Deine Lieblingsapps! Deine Schuhgröße (diesmal nicht die deines Hamsters - der hat ja sein eigenes Profil)! Wann du geboren wurdest! Und wo! Und warum! Was du von blauleuchtenden Pinguinflüglern hältst! Und warum! Wo du wohnst! Und seit wann! Und mit wem! Und wen du anbetest! Und warum nicht jemanden anderen! Und wie deine sexuelle Orientierung ist (Facebook bietet die Wahlmöglichkeit aus mehr als 60 Orientierungen)! Wenn du all das angibst, wirst du ein besseres Mitglied dieser Community! Genau!

Oder einfach nur vollkommen kontrolliertes Opfer, welches prima ausgebeutet werden kann.

Gib so wenig wie möglich preis. Du brauchst den Schwachsinn nicht auszufüllen, damit du an diesem Netzwerk teilhaben kannst.

Es dient einzig dazu, dich in ein Profil zu pressen, um dir noch viel besser "genau auf dich abgestimmte Inhalte" aufzuoktroyieren.

Such selber, anstatt suchen zu lassen

Ich finde es schon albern, dass "googeln" es tatsächlich in den Duden geschafft hat. Tatsächlich mit der Bedeutung "etwas zu recherchieren". Also weiter weg von recherchieren kann etwas mit Google suchen nicht sein. Denn du findest nichts Neues. Du findest Dinge, von denen Google denkt, dass sie für dich wesentlich sind. Du bist in einer Filterblase gefangen, die sich immer stärker um die Dinge dreht, die du bereits kennst. Das hat auch schon Adolph Freiherr von Knigge erkannt, dass es sich dabei um ein schlechtes Vorgehen handelt, als er folgendes sagte:

> *"Sei nie ganz müßig! Lerne dich selbst nicht zu sehr auswendig, sondern sammle aus Büchern und Menschen neue Ideen. Man glaubt es gar nicht, welch ein eintöniges Wesen man wird, wenn man sich immer in dem Zirkel seiner eigenen Lieblingsbegriffe herumdreht, und wie man dann alles wegwirft, was nicht unser Siegel an der Stirne trägt."*

"Lerne aus Büchern und Menschen neue Ideen." Lerne neue Ideen und zwar aus Büchern und Menschen. Google kann dir keine neuen Ideen liefern, denn es lässt dich "immer in dem Zirkel" der "eigenen Lieblingsbegriffe herumdrehen". Und dadurch wirst du "ein eintöniges Wesen". Darum, Mensch, befreie dich aus deiner selbst gewählten Unmündigkeit und suche frei. Frei von Tracking und Vorfilterung. Nutze Suchmaschinen wie DuckDuckGo.com oder Startpage. Hier wird deine Suche nicht vorgefiltert und du musst dich nicht weiter "in dem Zirkel der [Google-gewählten] Lieblingsbegriffe herumdrehen". Suche frei, Mensch!

Mach halt wieder ein paar Dinge analog

Leg dir ein Adressbuch zu. Also ein richtiges Buch. Mit echten Seiten. Leuchtturm1917[1] hat dafür ein ganz tolles Produkt. Es ist immer da. Es braucht keinen Strom. Es ist kompatibel mit allen Stiften.

Kauf - oder bastel - dir einen Kalender. Hier brauchst du dir keine Gedanken zu machen, wer deine geheimen Termine liest. Oder wem du den Kalender freigegeben hast. Oder ob er Zugriff von deinen 97 datensaugenden Apps hat. Es ist einfach ein Taschen-kalender. Du kannst darin rummalen, kritzeln, schreiben, schmie-ren, Seiten rausreißen und wieder einkleben. Es ist einfach schön.

---

[1] https://www.leuchtturm1917.de/

Und jetzt überrasche mal jemanden mit einer Postkarte. Das ist viel schöner, individueller und persönlicher als ein blöder Post in deiner Timeline.

Das ist digitaler Ungehorsam!

Greifen wir zur Datenselbstverteidigung und schützen unsere Privatsphäre!

3. Datensparsamkeit

3.1 Datensparsamkeit, Tao und Anarchie – Das hilft beim Schutz der Privatsphäre

Unsere Privatsphäre schützen wir effektiv dadurch, dass wir sie eben nicht freiwillig preisgeben. Das ist eine ganz simple Sichtweise, nur ist sie für viele gar nicht so simpel umzusetzen. Wir sind mittlerweile einfach so sehr daran gewöhnt worden, dass wir unsere Daten freiwillig - und dazu noch gerne - hergeben.

Und gerade dadurch setzen wir einen Großteil unserer Privatsphäre aufs Spiel: indem wir unsere Daten ganz ohne Zwang, ohne Überwachung von außen abgeben.
- Einfach aus uns heraus.
- Weil Daten hergeben, so toll ist.
- Weil ich doch nix zu verbergen habe.
- Weil doch die ganze Welt (oder zumindest meine 3875 "Freunde") unbedingt wissen muss, wo ich gestern um 23:36 Uhr war.

Hier spielt die Überwachung durch Datenkraken noch gar keine Rolle.

Und wenn wir nicht gerade Edward Snowden sind (und das sind - zum Glück - die wenigsten), dann spielen an dieser Stelle auch die Geheimdienste nur eine untergeordnete Rolle. Die Daten, welche

die Geheimdienste hier abgreifen, ist einfach Beifang (wie ein Del-
phin in der Thunfischdose eben).

Die Datenkraken müssen in diesem Fall auch noch nicht einmal
aktiv nach unseren Daten verlangen, denn wir schenken sie ihnen
ja!

3.1.1 Tao und Stoa

Und was können wir nun dagegen tun?

Lassen wir ein wenig mehr Tao in unserem Leben zu!

Und wie das? Indem wir nichts tun. Nutzen wir das Konzept des
wu wei, des Handelns durch Nicht-Handeln, für den Schutz unserer Privatsphäre.

Einfach dadurch, dass wir keine Daten über uns ausplaudern,
tragen wir einen wesentlichen Teil dazu bei, dass wir unsere
Privatsphäre stärken. Dies ist ein Konzept, welches vollkommen
konträr zu der entsetzlichen Aussage von Eric Schmidt[1] steht:

> *„Wenn es etwas gibt, von dem Sie nicht wollen, dass es
> irgendjemand erfährt, sollten Sie es vielleicht ohnehin
> nicht tun. "*

Ich will, dass wir alle weiterhin auch die Sachen tun können, von
denen wir nicht wollen, dass es jemand erfährt (auch meine Mutter

---

[1]   http://www.spiegel.de/netzwelt/netzpolitik/netz-strategie-google-will-die-
weltherrschaft-a-665813.html

nicht, zum Beispiel, ach - Google und die ganze Geheimdienst-Blase auch nicht. Aber vor allem meine Mutter). Ich plädiere nur dafür, dass wir nicht in einen dauerberieselnden Datenstrom verfallen und mit unseren sinnlosen Gemeinplätzen, Selbstbildnissen und geopositionierten Orientierungslosigkeiten die Datenwelt fluten und uns dabei vollkommen seelisch leeren.

Tun wir einfach öfter mehr für uns (und alle anderen!), indem wir nichts tun - was unsere Datenmiteilsamkeit angeht.

Dabei sei dir selbst genug, übe dich in Affektkontrolle und genieße den Moment in gelassener Seelenruhe: lasst uns ein wenig stoisch werden!

***

Anarchy In The Data Sovereignity

Was wir auf jeden Fall im Hinterkopf halten sollten (und uns dafür bei Gelegenheit selbst leichte Schläge auf denselben versetzen sollten), ist die Tatsache, dass wenn wir unsere Daten hergeben, wir zum einen die Herrschaft über diese Daten verlieren und zum anderen auch tatsächlich jedes Recht daran aufgeben.

Geben wir Daten über uns preis, so geben wir auch die Kontrolle über diese Daten ab. Ich bin kein Kontrollfreak, aber ich auch kein Freund davon, jemand anderem die Kontrolle über mich zu geben.

Denn jemand der Kontrolle über meine Daten hat, hat auch leicht Kontrolle über mich.

Daher lasse ich Ton, Steine, Scherben für mich sprechen:

> *"Keiner hat das Recht, Menschen zu regier'n."*.

***

You Post it - you lose it

Dazu kommt auch noch, dass wir - rein juristisch gesehen - tatsächlich sämtliche Rechte an unseren Daten aufgeben, wenn wir diese auf unsozialen Plattformen wie Facebook posten.

So heißt es in den Nutzungsbedingungen von Facebook:

> *"Du gewährst uns eine nicht-exklusive, übertragbare, unterlizenzierbare, gebührenfreie, weltweite Lizenz für die Nutzung jedweder IP-Inhalte, die du auf bzw. im Zusammenhang mit Facebook postest (IP-Lizenz)"*.

(Als lustiges Bonmot am Rande: Facebook hat gar keine Daten-SCHUTZrichtlinie, Facebook nennt es einfach Datenrichtlinie - das sollte uns allen doch schon einen Wink mit dem Gartenzaun geben ;)):

Deswegen noch mal:

Nix posten, was du behalten willst, sonst kann jeder damit tun, was er will.

Ja, und was beim posten noch zu beachten ist: du verlierst zwar die Rechte an deinen geposteten Inhalten, aber die Auswirkungen auf dich kleben an dir schlimmer als Zwei-Komponenten-Kleber und gar nicht so praktisch ablösbar wie die gelben Klebezettelchen ;)

Darum schließe ich heute wieder mit einem wahren Wort von Oscar Wilde:

> *"Gesegnet seien jene, die nichts zu sagen haben und den Mund halten!"*

Poste nicht so viel und genieße umso mehr - so gelingt dein Leben nebenher ;)

3.2 Was ich tun kann, wenn die Datenkraken mir an die Daten gehen wollen

Schutz meiner Privatsphäre durch Datensparsamkeit - schön, aber wie soll ich das machen?

In jedem Formular werden doch - meistens mehr als notwendig - Daten von mir eingefordert, meistens auch in Form von "Pflichtfeldern" (ob diese Felder sinnvoll sind für die Erbringung der Dienstleistung, ist dabei mehr als zweifelhaft).

Und was tun wir jetzt?

Sei rebellisch

*"When they kick at your front door
How you gonna come?
With your hands on your Head
Or on the trigger of your gun"
The Clash, The Guns Of Brixton*

Damit habe ich doch mal die Position, die ich hier verteidigen will, klar gemacht: Die Datenkraken wollen mir mit ihrem datengierigen Formular die Eingangstür zu meiner Privatsphäre eintreten.

Jetzt habe ich die Wahl, ergebe ich mich und händige ihnen meine Daten und damit mich aus, oder setze ich mich zur Wehr?

Mir hilft es, wenn mein innerer Rebell mir diese Zeilen von The Clash noch mal vorsummt, denn dann bin in der richtigen Stimmung (rebellisch und eben nicht unterwürfig) um diesem Formular so zu begegnen, wie dies es eben verdient hat: freundlich, selbstbestimmt und kreativ.

Damit komme ich zu meinem ersten Rezept für datengierige Formulare:

Sei kreativ bei "Pflichtfeldern"

Die meisten Felder, die ein Datenkrake (Oder müsste es Datenkraken heißen? Vom mythologischen Kraken. Das passt besser, finde ich) abgreifen will, sind für die angefragte Dienstleistung vollkommen unerheblich und tragen nur zum Datenhort eben jenes Kraken bei.

35

Ein Streaming-Dienst braucht halt deine Postanschrift nicht.

Und eine Fluggesellschaft braucht deine Telefonnummer nicht, schließlich hat sie ja schon deine E-Mail Adresse.

Deswegen, übe dich in deiner schriftstellerischen Kreativität und lass deiner Fantasie freien Lauf.

Halte dich an Johann Nepomuk Nestroy, der es folgendermaßen formulierte:

> *"Nur eine lebhafte Einbildungskraft muss man haben, die muss aber schon verflucht lebhaft sein, nachher is es recht angenehm auf der Welt."*

Einfach mal nichts sagen

> *"Reden ist Silber, Schweigen ist Gold
> Schweige o Mensch und iss."*

Wilhelm Raabe bringt es hier trefflich auf den Punkt, wie wir uns noch vor der Datengier der Kraken schützen können.

Gib keine Daten an.

Nichts anzugeben lässt die Datensammler gänzlich im Dunkeln, was dein Profil angeht.

Wo sie bei falschen Daten noch etwas haben, mit dem sie ihre Profile füttern können, so lässt digitales Schweigen sie gänzlich im Unklaren.

Daher "schweige o Mensch".

Wo immer es möglich ist, gib gar keine Daten preis.

Widerstehe der unterschwelligen Aufforderung, du müsstest deine Daten dankbar und freiwillig den Datenkraken in ihre gierigen Fangarme werfen.

Folge dem Aufruf der Sex Pistols

> *"No Future For You!"*

und formuliere daraus ein "No Data For You!" (vielleicht noch ein leises "Up Yours!" hinter her denken und zwei Finger hochstrecken).

Wir müssen wieder lernen Dinge in Frage stellen

> *"Lass dir von keinem Fachmann imponieren, der dir erzählt: 'Lieber Freund, das mache ich schon seit zwanzig Jahren so!' - Man kann eine Sache auch zwanzig Jahre lang falsch machen."*
> *Kurt Tucholsky*

Immer nur nicken und gedankenlos seine Daten jedem Datensammler hinter her zu tragen führt halt zwangsläufig in den Bankrott der eigenen Privatsphäre.

Auch wenn wir zwanzig Jahre lang treu unsere Daten zu diesem und jenem Kundenvorteilsprogramm getragen haben - sei es Payback oder ein anderer Seelen ... äh ... Datenhändler, irgendwann wird es für uns einfach mal Zeit "Nein!" zu sagen!

Auch wenn diese vermeintlichen Bonusprogramme uns immer einreden wollen, sie tun uns etwas Gutes - lieber Mensch, werde dir gewahr, dass sie dir einfach schon immer das Falsche erzählt haben.

Sie tun sich etwas Gutes - nämlich deine Daten.

Was du davon hast, ist Gram, Jammer und einfach bald keine Privatsphäre mehr.

Treib nicht jede Sau durchs Dorf

Lerne selektiv zu sein.

Du musst nicht an jeder neuen Plattform, an jedem neuen Online-Dienst mitmachen. Du verteilst damit einfach immer weiter deine Daten und die Möglichkeit, dass damit ein noch umfassenderes Profil von dir erstellt wird, steigt immer mehr.

Vor allem kannst du wohl stark davon ausgehen, dass wenn die neue Sau die gerade durch das globale Dorf gejagt wird, erfolgreich ist, wird sie doch eines Tages von einer der bereits etablierten großen Sauen gefressen - und damit landet noch ein weiterer Baustein für dein Profil in einem der bestehenden Datenpfründe und erweitert diesen noch mehr.

**

TL;DR

die Realität biegen

nichts

endlich mal Nein! sagen

folge nicht jedem Trend

Und jetzt, anstatt dich hier mühsam mit einem weiteren Formular quälen und deine Privatsphäre dadurch gefährden, schau einfach dem Schneetreiben zu!

3.3 Anarchische Ideen zum Daten sparen

Warum postuliere ich hier anarchische Ideen zum Datensparen?

Nun, es geht mir hier um die digitale Selbstverteidigung unserer Privatsphäre und dazu müssen wir selbst aktiv werden.

Ich rufe einfach dazu auf, dass wir uns selbst - ganz ohne uns auf eine übergeordnete Hierarchie zu verlassen - bemühen, regulieren und Gedanken machen: anarchisch eben :)

Ein kurzer Exkurs: Was ist Anarchie[1]?

Im Gegensatz zu der landläufigen Meinung bei Anarchie handele es sich um den Zustand gesellschaftlicher Unordnung und Gewalt-

---

[1] https://de.wikipedia.org/wiki/Anarchie

herrschaft, ist Anarchie der Zustand von Abwesenheit von Herrschaft und Hierarchien.

Obendrein halte ich es für notwendig, einen anderen Blick auf die Schwierigkeiten zu werfen, als den Blick, den uns die Schwierigkeitenauslöser uns glauben machen wollen.

Ich lehne mich bei der Wahl Anarchie als Mittel zur Lösung der privatsphärenzerstörenden Probleme an die Worte von Albert Einstein an: „Man kann ein Problem nicht mit den gleichen Denkstrukturen lösen, die zu seiner Entstehung beigetragen haben."

Datensouveräner Ungehorsam

Da ich ja hier auf die individuelle Selbstbestimmung unserer Daten gegenüber der Datenkraken abziele, spreche ich hier mal nicht von zivilem Ungehorsam, sondern von datensouveränem Ungehorsam.

Um es mit Johann Gottfried Seume zu sagen:

> *„Unbedingter Gehorsam ist kein Gedanke unter vernünftigen Wesen. Wo mich jemand nach seiner Willkür brauchen kann, bin ich ihm keinen Gehorsam schuldig, das geht aus der moralischen Natur des Menschen hervor."*

Und die Datenkraken verwenden unsere Daten - und damit uns - nach ihrer Willkür. Und dem will ich entgegenwirken!

Was können wir an dieser Stelle tun?

Verweigere die Datenherausgabe

Fülle nicht jedes Formular aus, lass alle Felder leer, die leer gelassen werden können. Gib "leere" Daten an, wo es geht!

Was meine ich mit "leeren" Daten? Gib ein Leerzeichen ein, oder einfach irgend ein beliebiges Zeichen wie ein Minus, ein Komma oder einfach einen Punkt.

Gib ein Statement ab, anstelle deiner Daten ;)

***

Übe dich in Selbstbeschränkung

Sei geheimnisvoll und kein offenes Buch. Du bleibst interessanter, wenn nicht die ganze Welt (und vor allem die Datenkraken) nicht alles über dich wissen.

Ja, die Datenkraken vermitteln uns eine andere Sichtweise. Sie sagen, sie können uns besser helfen, wenn sie uns besser kennenlernen, daher sollen wir möglichst viel über uns preisgeben.

Aber das ist gelogen.

Sie können nicht uns besser helfen, wenn sie mehr über uns wissen.

Sie können sich selbst damit besser helfen.

***

Lege temporäre E-Mail Adressen an

Nutze für unterschiedliche Online-Dienste, Online-Shops und Plattformen unterschiedliche, möglichst nur kurzfristig verfügbare E-Mail Adressen. Diese sollten auch im gewählten Namen keinen Hinweis auf deinen social Engineerbaren Kontext liefern.

Diese Maßnahme erschwert für die Datenkraken die Profilerstellung über dich.

***

Erzeuge keinen Müll

Diese Idee ist so klar und einfach, wie sie hilfreich ist.

Wenn du keinen Müll produzierst, musst du dir auch keine Sorgen machen, dass irgendwann radioaktiver Datenmüll[1] über dich auftaucht und dir dein Leben ruiniert.

***

Hilfreich? Freundlich? Wahr?

Nutze einen einfachen Filter, den du für dich verwendest, bevor du etwas postest, das hilft dir dabei radioaktiven Datenmüll und viel Ungemach zu vermeiden.

---

[1] http://www.theguardian.com/technology/2008/jan/15/data.security

Frage dich einfach, ob das Bild, Zitat, Statusupdate, welches du der dankbaren teilhaftig werden lassen willst, ob du alle der folgenden drei Fragen klar mit einem Ja! beantworten kannst.

Falls nicht, tue der Welt und dir einen Gefallen und poste es NICHT.

- ist es hilfreich?

- ist es freundlich?

- ist es wahr?

***

TL;DR

- was ist Anarchie?

- nutze datensouveränen Ungehorsam

- gib keine oder nur die unbedingt notwendigen Daten heraus

- selbstbeschränke dich in deiner Datenpreisgabe

- temporäre E-Mail Adressen als Maßnahme gegen Profilerstellung

- verursache kein Daten-Tschernobyl

- Denken und Filtern, dann gegebenenfalls posten - niemals andersrum

3.4 Teilen ist teilen, aber posten ist Selbstaufgabe

Schwere Worte, junger Padawan, aber wie komme ich zu so einer Aussage?

Schauen wir uns erstmal an, was "Teilen" den bedeutet.

> *"Teilen"*

, so sagt es Wikipedia,

> *"ist das gemeinsame Nutzen einer Ressource."[1]*.

Das bringt es ganz deutlich auf den Punkt. Wikipedia führt an dieser Stelle auch weiter aus, dass wir hier zwischen materiellen Gütern und immateriellen Gütern, wie etwa Wissen, Meinungen, Ideen und ähnlichem unterscheiden.

***

Meins ist meins - aber ich teile es mit dir

Schauen wir uns kurz - nur ganz kurz, denn es geht mir hier hauptsächlich um Immaterielles - das Teilen von materiellen Gütern an.

Was würde ich mit anderen teilen?

Meine Bohrmaschine? Sicher. Ich bin nicht so verbunden mit meinem Bosch Schlagbohrer, als dass ich es nicht verkraften

---

[1] https://de.wikipedia.org/wiki/Teilen

würde, diesen nicht - oder nicht so wie ich ihn hergab - zurückzu-
erhalten.

Mein Auto? Hmm, schon schwieriger (zumal ich keines habe ;) -
aber nur mal angenommen), denn hier hängt doch klassischerweise
einfach mehr Herzblut am heiligen Blechle, als dass ich es einfach
so teilen würde. Aber geht auch noch!

Meine Wohnung? Oh, da kommt doch plötzlich noch eine ganz
andere Facette hinzu: Hier teile ich meine Privatsphäre mit anderen (oder ich bin ein Mönch und lebe in einer Zelle, in der nichts
Persönliches von mir vorhanden ist ...) und lasse sie an meinem
Innersten teilhaben. Schwierig.

Meine Lebensgefährtin? Also für mich ist an dieser Stelle ganz
klar das Ende der teilenden Fahnenstange erreicht. Und das gleich
aus mehreren Gründen. Zum einen kann ich nichts teilen, was mir
nicht gehört (diesen Gedanken behalten wir, geneigter Leser, bitte
für den Teil über Immaterielles im Hinterkopf). Weiterhin, und
auch dieser Stelle fällt mir wieder "Keine Macht für niemand" von
Ton, Steine, Scherben ein:

> *"Keiner hat das Recht, Menschen zu regier'n."*

Und es läuft einfach der anarchischen Ideen meiner Lebensgestal-
tung quer, über andere Menschen zu bestimmen. Und letztlich ist
meine Lebenspartnerin Part in meinem Leben.

***

Sie fliehen vorbei wie nächtliche Schatten

Gedanken, Ideen, Wissen und auch Bilder...auch Bilder - das sind die immateriellen Güter, die mir besonders am Herzen liegen. Dies ist, was ich schützen will und dies ist auch, worum es mir hier an erster Stelle geht.

Wir "teilen" diese Güter, unser Innerstes "mit". Hier ist schon die ganz klare Unterscheidung zu materiellen Gütern. Wenn wir Ideen, Gedanken oder Bilder "teilen" geben wir immer einen Teil von uns "mit". Wir können das Bild, den Gedanken, das Wissen ja im selben Moment weiter nutzen, im Gegenteil zur Bohrmaschine, die wir unserem Nachbarn ausgeliehen haben. Und weiterhin geben wir auch etwas von uns preis: Derjenige, dem wir etwas "mitteilen", dem öffnen wir uns und zeigen ihm auch einen Teil unserer Privatsphäre. Wir vertrauen dem anderen, dass er dieses Wissen, dieses Bild, diese Idee von uns nicht gegen uns verwendet, uns damit Schaden zufügt. Und was auch ganz wichtig an diesem Aspekt von "Mitteilung" ist: Wir bleiben Besitzer und Ideengeber dieser immateriellen "Teilhabe" (noch schöner gefällt mir "Teilgabe").

***

Posten ist Selbstaufgabe

Was wir jedoch im Bereich unsozialer Plattformen sehen als Postings hat nichts mit "teilen" zu tun - das ist bestenfalls digitaler Exhibitionismus. Das ständige virtuelle, virulente Ausbreiten seines eigenen banalen Lebens hat keine Gemeinsamkeit mit "teilen". Es bringt niemandem etwas, es ist nicht an einen konkreten Empfänger gerichtet (nein, Bilder auf einer Timeline zu veröffentlichen ist kein dedizierter Empfänger, ein Sandsturm richtet sich auf die gesamte Wüste, nicht auf ein einzelnes Sandkorn) und es hat keinen sinnvollen Zweck.

Wenn ich der virtuellen Welt meine - mehr oder (meistens) minder interessanten leeren Datenbrocken aufdrücke, tue ich damit nichts Gutes. Teilt eure Gedanken konkret mit den Menschen in eurem Umfeld - eurem "echten" Umfeld, nicht im virtuellen Umfeld eurer 3871 Netzwerk-"Freunde". Dort könnt ihr etwas erreichen - vor allem erreicht ihr damit Menschen, denen die Gedanken und Ideen wirklich helfen, die wirklich an eurem Leben "teilhaben" können.

Und was noch schlimmer ist, wenn ihr etwas postet, dann verliert ihr es. Ihr gebt die Rechte daran auf. Es sind nicht mehr eure Bilder, eure Gedanken, eure Ideen. Sie gehören jetzt Google, Facebook, Apple. Facebook hat es in seiner "Datenrichtlinie" geschrieben - sehr unklar für uns; sehr klar für Facebook:

"Du gewährst uns eine nicht-exklusive, übertragbare, unterlizenzierbare, gebührenfreie, weltweite Lizenz für die Nutzung jedweder IP-Inhalte, die du auf bzw. im Zusammenhang mit Facebook postest (IP-Lizenz)".

Tja, gone with click of a button.

Du verlierst deine Rechte, du verlierst deine Privatsphäre, du verlierst - in the long run - dich selbst.

Posten ist Selbstaufgabe.

Daher mein Aufruf an euch:

Nehmt eure Daten zurück in eure eigene Hände!

"Teilt" eurer Wissen, eure Ideen, eure Gedanken (ja, auch eure Bilder) mit Menschen "mit", aber nicht mit Unternehmen oder Plattformen.

Schützt eure Privatsphäre - ich will euch dabei helfen.

***

TL;DR

- Was ist Teilen?

- Materielles teilen: meine Bohrmaschine, mein Auto, meine Wohnung, mein Leben

- Immaterielles "mitteilen": meine Gedanken, mein Wissen, meine Bilder

- Posten ist Selbstaufgabe: Du gibst uns deine Bilder und verlierst deine Rechte und deine Privatsphäre

Und jetzt, liebe Leser, raus in die Sonne und "teilt" euch "mit"!

4. Passwörter

4.1 Warum wir starke Passwörter brauchen

Um es ganz kurz auf den Punkt zu bringen:

Ohne starke Passwörter brauchen wir uns auch nicht weiter Gedanken um unsere Privatsphäre machen.

Starke Passwörter sind faktisch aktuell der beste Schutz, den wir haben, um unsere Geheimnisse zu bewahren.

Wenn wir - und davon gehe ich mal davon aus (denn die Anzahl Eremiten mit Web-Anbindung lassen sich doch an einer ausgemergelten Hand abzählen) - am digitalen Teil des Lebens teilnehmen wollen, brauchen wir starke Passwörter, damit unsere Privatsphäre eben privat bleibt und nicht direktes Allgemeingut wird.

Ein starkes Passwort ist die wichtigste Verteidigungslinie unserer Privatsphäre.

Klar schützen wir unsere Privatsphäre auch mit Datensparsamkeit - eben dadurch, dass wir möglichst wenig über uns preisgeben - aber ein starkes Passwort schützt eben davor, dass wir ungewollt unsere Privatsphäre aller Welt offenlegen.

Gibt es sonst nichts?

Es gibt durchaus neben Passwörtern andere Schutzmechanismen unserer privaten Geheimnisse, aber diese halte ich entweder schlicht für Irrsinn (biometrische Daten) oder sie sind nicht durchgängig verfügbar (OTP, 2FA, Certs).

Biometrische Daten

Wer biometrische Daten für eine gute Idee zum Schutz der Privatsphäre hält, glaubt auch daran, dass seine Daten bei einem gewinnorientierten Internetunternehmen sicher aufgehoben sind.

Biometrische Daten haben den einfachen Nachteil, dass man sie nicht ändern kann, wenn sie einmal gestohlen wurden[1]. Der Fingerdruck ist halt mal gestohlen und er bleibt halt auch mit meiner Identität verknüpft...es sei denn man greift zu drastischen Maßnahmen...aber da ist halt auch nach spätestens zehn Diebstählen das Ende der digitalen (haha) Fahnenstange erreicht. In diesem Fall gilt halt „gestohlen ist gestohlen - wieder holen ... hilft nicht.".

OTP, 2FA, Cert

Andere, sichere Verfahren wie Einmalpasswörter[2](OTP - One Time Password) (wir kennen diese z.B. von der TAN), Zwei-Faktor-Authentifzierung[3] (2FA) (kennen wir vom Geldautomaten -

---

[1]   http://www.zdnet.com/article/hackers-can-remotely-steal-fingerprints-from-android-phones/
[2]   https://de.wikipedia.org/wiki/Einmalpasswort
[3]   https://de.wikipedia.org/wiki/Zwei-Faktor-Authentifizierung

da brauchen wir unsere EC-Karte und unsere PIN) oder digitale Zertifikate[1] (finden wir ganz automatisch bei der Nutzung von sicheren Internetverbindungen (HTTPS)), werden leider nicht in der Breite eingesetzt, wie wir dies bei Passwörtern sehen.

Schwaches Passwort - schwache Privatsphäre

Aber warum wiederhole ich hier ständig gebetsmühlenartig, dass wir starke Passwörter brauchen?

Auch ganz einfach zu beantworten.

Ein schwaches Passwort hilft ungefähr so viel unsere Privatsphäre zu schützen, wie ein rostiges Gartentor davor schützt, dass unsere Blumen aus dem Garten gestohlen werden.

Es eben ist eben nur ein symbolischer Schutz, der möglicherweise noch eine psychologische Hemmschwelle darstellt, aber ansonsten keinen wirklichen Schutz bietet.

Ein schwaches Passwort ist meiner Meinung nach sogar noch gefährlicher, als gar kein Passwort zu haben.

Habe ich kein Passwort, dann weiß ich, dass meine Geheimnisse nicht sicher sind, denn mir ist ja bewusst, dass ich kein Passwort habe.

Wenn ich jedoch ein schwaches Passwort habe, glaube ich, dass meine Daten, meine Identität gar, sicher sind.

---

[1] https://de.wikipedia.org/wiki/Digitales_Zertifikat

Dieser Trugschluss ist weitaus gefährlicher, weil ich selbst mich in Sicherheit wähne und dadurch unbewusst viel fahrlässiger mit meiner Privatsphäre umgehe.

„scientia potentia est"
Thomas Hobbes

Ich empfehle, wir werfen alle in einer stillen Stunde einen Blick auf die folgende Seite, um einfach schon mal ein Gefühl dafür zu bekommen, wie es um unsere Passwort-Qualität steht.

How Secure Is My Password[1] zeigt in ernüchtender (oder erhellender, je nachdem wie gut dein Passwort ist) Weise, die Qualität deines Passwörters auf.

Aber was bringt uns dieses Wissen jetzt?

Entweder Befriedigung, dass wir ein gutes Passwort haben.

In diesem Fall gönnen wir uns jetzt ein zufriedenes Lächeln und prüfen in der nächsten Woche, ob wir bei unserer Wahl des starken Passworts auch an weitere Gemeinheiten der Passwort-Verwaltung gedacht haben.

Oder Ernüchterung.

Und das ist extrem gut, denn an dieser Stelle haben wir schon Goethe mit seinem Faust:

---

[1] https://howsecureismypassword.net/

"Da steh ich nun, ich armer Tor, und bin so klug als wie zuvor."

als auch Sokrates:

"Ich weiß, dass ich nichts weiß."

hinter uns gelassen.

Wir sind jetzt klüger als zuvor und wissen jetzt, dass wir ein schwaches Passwort einsetzen.

Und mit diesem Wissen haben wir jetzt die Grundlage zur Stärkung unserer Privatsphäre in der Hand.

Jetzt können wir die Macht unseres neu gewonnenen Wissens nutzen und lernen, wie wir ab jetzt starke Passwörter verwenden.

***

TL;DR

Starke Passwörter sind der wichtigste Schutz unserer Privatsphäre

Das starke Passwort - Erste und Letzte Verteidigungslinie unserer Geheimnisse

Was gibt es sonst noch? OTP, 2FA, Certs

Weak Passwords Kill Privacy

Wissen ist Macht - nicht Wissen macht es schlimmer

...und sonst?

Genug aufgerüttelt für heute - geht heute vielleicht einfach mal ins Kino und kommt auf andere Gedanken :)

4.2 Wie sieht ein starkes Passwort aus?

Wie sieht denn nun ein starkes Passwort aus und was soll es leisten?

Fange ich mal damit an, den Gaul von hinten aufzuzäumen, und beantworte zunächst den zweiten Teil meiner Frage.

Was soll ein starkes Passwort leisten?

Grundsätzlich sind es zwei Aufgaben, die ein starkes Passwort lösen soll.

1. Es soll – möglichst niemals – zu brechen sein.

Denn daran hängen halt unsere Geheimnisse (wenn wir uns an diese Sicherungslösung unserer Geheimnisse halten und nicht Zwei-Faktor-Authentifikation, Zertifikate oder schwer bewaffnete Trolle zum Schutz unserer Geheimnisse einsetzen). Daher wäre es wünschenswert, dass unser Passwort mindestens so lang hält, so lang wir unsere Geheimnisse schützen wollen.

2. Es soll möglichst einfach zu merken sein.

Es ist einfach deutlich einfacher, sich ein einfach zu merkendes Passwort wie

> *"PhukAllSirveillance!"*

zu merken als

> *"3rH!gb8Ip4_tj5eLN7."*.

Beide halten länger – deutlich länger! – als meine Geheimnisse gewahrt werden müssen (das behauptet zumindest HowSecureIs-MyPassword [https://howsecureismypassword.net/]) und da ziehe ich dann doch die leichter zu merkende Variante aus Beispiel eins vor.

Ich bin eben kein Gedächtnisakrobat und ich ziehe es vor, meine Gedanken mit schönen Erinnerungen und Bildern zu füllen, als mit drögen Passwörtern.

> *„You must unlearn, what you have learned"*
> *Yoda*[1]

Die kleine, schrumpelige, grüne Jediisierung des Zen, bringt es damit treffend auf den Punkt

Wir haben jahrzehntelang falsche Ideen über unsere Passwörter verinnerlicht.

---

[1] https://www.youtube.com/watch?v=dBTc9Y2bWiQ

Passwörter sind kompliziert und schwer zu merken, damit sie niemand brechen kann.

Leider ist das ein Trugschluss, der für Menschen gilt.

Die Passwörter die wir bisher verwendet haben, sind kompliziert und schwer zu merken für einen Menschen,

aber mit ausreichender Rechenkraft für einen Computer leicht zu brechen.

Daher brauchen wir etwas, was ein Computer niemals nutzen wird:

Kreativität.

Nutzen wir dies und machen Passwörter, die einfach und leicht zu merken sind – für uns!

Und gleichzeitig schwer für einen Computer zu brechen sind.

Wenn wir ganze Sätze bilden, können wir uns – als Menschen – diese leicht merken. Aber Computer sind nicht in der Lage, diese einfach zu erraten.

Und das sture Durchprobieren – mit Brute Force, also mit roher Gewalt – um das Passwort zu brechen, wird zu einer Lebensaufgabe für den Kollegen Computer – wenn er sehr, sehr lang lebt ;)

Aus dieser Idee heraus hier meine erste Empfehlung:

Denkt euch einen Passsatz (eine Passphrase) aus, die ihr euch leicht merken könnt, die ihr wie ein Mantra wiederholt, die euch ein gutes Gefühl gibt (damit ihr gern an diesen Satz denkt) und der möglichst wenig Angriffsfläche für Social Engineering[1] auf euer Leben hat.

Ein schlechtes Beispiel hierfür ist:

"Ich lebe in Hamburg in der Alsterallee 3."

Ein guter Satz von der reinen Sicherheit her, allerdings leicht zu social Engineeren, wenn ihr dort tatsächlich wohnen sollte.

Also für mich wäre es ein toller Satz…nur kann ich ihn mir nicht so toll merken, da ich noch nicht einmal weiß, ob es in Hamburg eine Alsterallee gibt…also ihr versteht, was ich meine.

Ein gutes Beispiel ist:

"Reispudding mit sauren Gurken macht mich ganz kribbelig!"

Ganz schön sicher. Ach, was! Irrsinnig sicher!

Bitte, wer von uns hat schon die ernste (oder alberne) Absicht 2 Novemvigintillion Jahre (das ist eine Zahl mit 90 Stellen) seine Geheimnisse zu schützen?

Ich glaube, wenn ich so alt bin, stehe ich endlich darüber, ob jemand meine Geheimnisse stehlen will.

---

[1] https://de.wikipedia.org/wiki/Social_Engineering_%28Sicherheit%29

Also, das Beispiel ist wirklich gut, weil da müsste jemand schon ganz ordentlich social engineeren, um das über mich rauszubekommen.

Was macht ein starkes Passwort stark?

Nochmal kurz zusammengefasst, was ein starkes Passwort jetzt stark macht:

Es kann nicht, oder nur mit sehr hohem Aufwand in sehr langer Zeit gebrochen werden.

Was sind denn nun die Faktoren, die ein starkes Passwort ausmachen?

- Size matters

Ja, es kommt diesmal tatsächlich mal auf die Länge an ;)

Je länger ein Passwort ist, desto länger braucht ein Computer, um alle Möglichkeiten durchzuprobieren.

Also als Mindestlänge ist hier meiner Ansicht nach (und da stimme ich sogar mal mit dem BSI[1] überein) zwölf Zeichen unbedingt notwendig.

Gewöhnen wir uns lieber – was bei Passphrasen ganz leicht ist – an eine Mindestlänge von zwanzig Zeichen.

---

[1] https://www.bsi-fuer-buerger.de/BSIFB/DE/Empfehlungen/Passwoerter/passwoerter_node.html

- Mach es komplex – nicht kompliziert

Ein komplexes Passwort verwendet viele verschiedene Zeichen. Also Buchstaben, Zahlen und Sonderzeichen.

Scheut euch nicht davor, das ein oder andere Komma oder Ähnliches zu verwenden – das tut der menschlichen Lesbarkeit von Texten schließlich auch gut ;)

Ein guter Überblick über den Zusammenhang zwischen Länge und Komplexität liefern diese Tabellen[1].

- Unverknüpft – lass dein Passwort social unengineerbar sein

Nimm nichts, was aus sozialen Netzwerken auf dich schließt.

Lass deine Lieblingsfarbe weg, vergiss den Fußballverein, für den dein Herz schließt.

Schließ deine Passphrase in dein Herz ein – und veröffentliche keine Hinweise darauf in der allwissenden Müllhalde.

- Vergiss Wörterbücher

Nimm keine Worte, die in Wörterbüchern vorkommen.

Nochmal mein Hinweis: sei kreativ.

Werde zu deinem eigenen Passwortpoeten und reime deine Sicherheit!

---

[1] http://www.lockdown.co.uk/?pg=combi

Was ist bei starken Passwörtern noch wichtig?

- Niemals Passwörter wiederverwenden

Jedes Ding will einmalig sein – auch das Passwort für jeden einzelnen Dienst!

- Niemals Passwörter jemandem mitteilen

Passwörter zu teilen (auch mit deiner Liebsten oder deinem Hamster) ist kein Liebesbeweis.

Es ist Dummheit.

Denn es gefährdet neben deinen Geheimnissen auch noch die Integrität deiner Beziehung und die Unversehrheit deiner Liebsten (oder deines Hamsters). Denn jetzt ist da noch jemand, aus dem ein Angreifer dein Passwort herausbekommen kann.

***

TL;DR

- Was soll mein starkes Passwort leisten?

- We must unlearn what we have learned.

- Be creative!

- SBGB (schlechtes Beispiel – gutes Beispiel)

- Faktoren: Lang, komplex, nicht social engineerbar, Wortneuschöpfungen

- Und sonst noch?

So, liebe Leser, jetzt verbleibt mir noch, euch eine gute, schöne, freudvolle Osterzeit zu wünschen.

Genießt das Geheimnis des höchsten christlichen Feiertages und viel Freude beim geheimnisvollen Ostereiersuchen!

4.3 Passphrasen-Mantra oder Diceware – Ideen für selbstgebastelte sichere Passwörter

Passphrasen-Mantra oder Diceware – Ideen für selbstgebastelte sichere Passwörter

Uns ist jetzt klar, warum wir sichere Passwörter brauchen und wie wir ein solches sicheres von einem unsicheren Passwort unterscheiden.

Aber was tun wir jetzt, um an ein sicheres Passwort zu kommen?

Wir können uns ja schließlich keines im Online-Shop um die Ecke kaufen (ich bin mir ziemlich sicher, dass es dieses Angebot bereits gibt, möchte aber dringend davon abraten, so einen Dienst in Anspruch zu nehmen, liebe Leser!) oder jemanden bitten, uns ein sicheres Passwort zu geben.

Beide Ansätze wären jedoch der Sicherheit unseres neuen Passwortes deutlich abträglich.

"Was tun?" sprach Zeus, "die Götter sind besoffen.".

Darum möchte ich hier zwei Methoden vorstellen, die

einfach

sicher

und mit Spaß

einfach sichere Passwörter erzeugen :)

Quasi das Überraschungsei der Passwort-Erzeugung – nur ohne Schokolade (aber davon hatten wir jetzt über Ostern wahrscheinlich eh genug).

Beide Methoden der Passwort-Erzeugung bringen einen anarchischen (weil selbstregierenden) und individuellen (weil selbst gemachten) Ansatz daher, der überdies noch nachhaltig, biologisch abbaubar und frei von schädlicher Technik ist.

Lasst die Spiele beginnen!

Diceware – Alea iacta est

Diceware ist eine einfache und analoge Methode zur Erstellung sicherer Passphrasen.

Diceware, also Würfelware, ist eine Möglichkeit, ein Passwort ohne den Einsatz digitaler Technik zu erwürfeln.

Das wichtigste an dieser Methode ist der Faktor Zufall und der Verzicht auf – leicht manipulierbare – Computerunterstützung.

Natürlich lassen sich auch Würfel manipulieren, aber wenn wir davon ausgehen, dass uns jemand manipulierte Würfel à la Ocean's Thirteen unterjubelt, dann haben wir ein ganz anderes Problem und müssen uns keine Gedanken um die Gestaltung sicherer Passwörter machen :)

Es müssen auch wirklich keine Casino-Grade Würfel sein. Handelsübliche Spielwürfel reichen allemal aus.

Für die Paranoiker unter uns: Holt euch casino-grade Würfel, die haben eine ideale Verteilung der Wahrscheinlichkeit auf alle sechs Seiten des Würfels.

Zurück zum Thema.

Diceware basiert auf einer langen Liste von Wörtern und fünf sechsseitigen Würfeln.

Das ganze funktioniert natürlich auch mit nur einem Würfel, dann muss man halt fünfmal so lange Würfeln ;)

Die Liste[1] besteht aus 7776 unterschiedlichen Worten (so viele unterschiedliche Möglichkeiten bieten eben fünf sechsseitige Würfel, also 6^5).

---

[1] http://world.std.com/~reinhold/diceware_german.txt

Um jetzt eine Passphrase zu erstellen, würfeln wir mit den fünf Würfeln und lesen das gewürfelte Ergebnis von links nach rechts ab.

Die so erwürfelte Zahl schauen wir in der Wortliste nach und erhalten damit das zugehörige Wort.

Diesen Vorgang wiederholen so lang, bis wir unsere Passphrase vollständig erstellt haben.

Arnold Reinhold[1], der Erfinder von Diceware, empfiehlt, eine Passphrase aus mindestens sechs Worten zu erstellen.

Das trägt – wie wir in der letzten Woche gelernt haben – ungemein zur Stärke des erzeugten Passwortes bei.

Die Passphrase sollte aus diesen vier bis sechs einzelnen Worten bestehen, inklusive der Leerzeichen dazwischen. Die Leerzeichen erhöhen die Sicherheit der Passphrase nochmals ungemein, denn die Verwendung von Sonderzeichen (und das ist ein Leerzeichen nun mal) trägt zur Erhöhung der Komplexität des Passwortes bei. Und Komplexität ist ein weiterer Faktor der Passwortsicherheit.

Diese durch Diceware erstellte Passphrase schützt auch effektiv gegen Social Engineering Angriffe, da die Passphrase nicht mit dem Benutzer in Zusammenhang gebracht werden kann – und

---

[1] http://world.std.com/~reinhold/diceware.html

schon haben wir noch einen weiteren Faktor der Passwortsicherheit eingebaut.

Und wenn wir jetzt dieses Passwort für uns selbst im stillen (nicht überwachten) Kämmerlein erwürfelt haben und dieses niemandem (auch unserem Goldfisch nicht!) verraten, haben wir noch den letzten Faktor für ein sicheres Passwort eingesetzt.

Ein Beispiel:

32323 – hinter

26524 – glosse

14426 – bbb

56345 – stroh

45116 – nukleon

51432 – quader

Ergibt als Passphrase:

"hinter glosse bbb stroh nukleon quader".

Laut HowSecureIsMyPassword[1] dauert es 526 Tredezillionen (das ist eine Zahl mit 79 Stellen) Jahre, um dieses Passwort zu knacken. Viel Spaß beim Raten ;)

Kreativität

---

[1] https://howsecureismypassword.net/

Nun zur zweiten sicheren Methode einer Passworterzeugung.

Kreativität.

Kann kein Computer. Wird er niemals können.

Braucht keine Technik und keinen Strom. Ist immer verfügbar, kostet nix und macht immens Spaß.

Fast wie Sex, nur bekommt man weniger Ärger, wenn man es, z.B. in der Straßenbahn macht.

So, was brauchen wir hierfür?

Einen Bleistift und ein Blatt Papier.

Denn, wie es auch Richmond Valentine richtig zusammenfasst:

"No-one can hack into pen and paper".

Und jetzt lassen wir unserer Kreativität ganz freien Lauf.

Wir sammeln einfach die ersten fünf bis zehn Eindrücke, die uns gerade vor das innere oder äußere Auge kommen – besser vor das äußere, denn das innere Auge hat den Nachteil, dass das, was uns da vor die Linse gerät, möglicherweise social engineerbar ist – und schreiben diese auf.

Daraus bilden wir einen Satz, ordentlich mit Satzzeichen und schön auf die Groß- und Kleinschreibung achten (für die Komplexität), streuen vielleicht noch die eine oder andere Zahl (ebenfalls für die Komplexität) ein und merken uns diesen Satz als unser persönliches (wieder nicht mit dem Goldfisch teilen!) Passwort-Mantra.

Das Schöne daran ist, diese Methode funktioniert wirklich überall und wird sogar noch besser dadurch, dass ihr es irgendwo auspro-biert, denn dadurch erhaltet ihr eine Zufälligkeit in den Begriffen, die nur sehr, sehr schwer mit euch in Zusammenhang gebracht werden kann.

Auch hier ein Beispiel:

Linux

krass

Radium

35

abgelenkt

verdammt

Aus diesen Worte bilde ich für mich das Passwort

"verdammt abgelenkt, Linux 35 – krass Radium!".

Dieses Passwort wird in – wieder laut HowSecureIsMyPassword – einer Duovigintillion (das ist eine Zahl mit 133 Stellen) Jahren gehackt.

Macht mich jetzt ganz entspannt, solche Zahlen zu lesen :)

***

TL;DR

Diceware

Kreativität

Schön kurz heute.

Also halt ich mich auch dran.

Liebe Leser, besorgt euch Würfel, die Wortliste, Papier und einen Stift und lasst eurer Fantasie freien Lauf – und schreibt doch, wenn ihr schon dabei seid, mir einfach mal einen Brief – per snail mail ;)

4.4 Passwort-Manager – Passwort-Verwaltung für Müßige

Da steh ich jetzt mit meinen dreiundzwanzig achtzehn- bis siebenundzwanzig-stelligen Passwörtern und überlege, ob ich mich für die nächste Gedächtnisweltmeisterschaft anmelden soll.

Das ist doch total blöd, das kann doch nicht ernsthaft die Lösung meiner Passwort-Probleme sein!

Nein, das glaube ich auch nicht - außer ich habe den inneren Drang Gedächtnisweltmeister zu werden.

Und darum stelle ich hier einige Lösungen für die Müßiggänger unter uns vor, denn es gibt Schöneres, um das wir unsere Gedanken kreisen lassen können, als dröge Passwörter!

Papier und Panzerschrank

Die bodenständigste, weil untechnischste, Lösung ist es, seine Passwörter (so wie wir diese laut meinen Ideen aus der letzten Woche erstellt haben) auf einem Blatt Papier zu notieren und dieses in einen Tresor zu legen. Und ich meine hier einen real existierenden Panzerschrank. Keine verschlüsselte Datei. Diese Lösung hat gewisse Nachteile, das gebe ich gern zu. Die Panzerschrank-Lösung ist eher immobil (es sei denn ihr seid der Hulk und tragt halt immer euren Panzerschrank mit euch rum - aber in diesem Fall braucht ihr euch wahrscheinlich auch sonst keine Gedanken um eure Passwort-Sicherheit machen) und die Bequemlichkeit leidet ein wenig unter dieser Lösung (aber was unsere Datensicherheit angeht müssen wir immer eine Abwägung zwischen Bequemlichkeit und Sicherheit vornehmen). Aber ansonsten ist diese Idee eine stabile, nachhaltige und dauerhafte Lösung, die auch bei Stromausfall funktioniert (allerdings brauchen wir dann auch meistens unsere Passwörter nicht ...).

Master Password

Bei Master Password [1] handelt es sich um einen Passwort-Manager, bei dem die Bequemlichkeit einen hohen Stellenwert einnimmt, - ohne die Sicherheit dabei zu schwächen.

Die Idee hinter Master Passwort ist, dass die Passwörter aus einem *sehr* starken Passwort und unserem (guten) Namen heraus erzeugt werden. Ein Passwort wird aus drei Bestandteilen - - dem *sehr* starken Passwort (eben dem *Master Password*), - unserem Namen - und dem *eindeutigen* Namen des Dienstes für den wir ein Passwort brauchen gebildet. Der Charme dieser Lösung besteht darin, dass *niemals* ein Passwort auf unserem Rechner (Tablet, Smartphone) gespeichert wird, da die benötigten Passwörter immer nur bei Bedarf durch einen sicheren Algorithmus aus den drei Teilen - Passwort, - meinem Namen - und dem Namen des Dienstes erzeugt werden. Dies bedeutet für Sicherheit der Passwörter, dass einfach kein Passwort da ist, welches gestohlen werden kann. Selbst wenn uns unser Laptop oder Smartphone abhandenkommt (und wir ordentlich mit unserem *Master Password* umgegangen sind, d.h. es *niemandem* gesagt haben), kommt niemand an unsere Passwörter heran, weil diese einfach nirgends gespeichert sind. Ein weiterer Vorteil von Master Password ist, dass der Quelltext offen ist und jeder (so er in der Lage dazu ist ;)) die Güte des Algorith-

---

[1]   https://ssl.masterpasswordapp.com/

mus zur Passwörterrzeugung prüfen und darüber hinaus noch sicherstellen kann, dass hier keine Hintertür für den einen oder anderen feindlichen (oder auch freundlichen) Geheimdienst eingebaut ist.

Dieses Verfahren, dass die Sicherheit des zu bewahrenden Geheimnisses allein auf der Geheimhaltung des Schlüssels (also des Passwörters) und nicht auf der Geheimhaltung des Verschlüsselungsverfahrens beruht, ist eine der wichtigsten Grundlagen der moderen Kryptografie, postuliert von Auguste Kerckhoff in - nach ihm benannten - Kerckhoffs' Maxime[1].

KeePassX

KeePassX[2] ist ein weiterer Passwort-Manager, welchen ich hier empfehlen will.

Im Gegensatz zu Master Password geht KeePassX zwar den traditionellen Weg und speichert die erzeugten Passwörter in einer *sehr stark* verschlüsselten Datei - und bietet damit gegenüber Master Password eine mögliche Angriffsfläche auf die Passwörter. Aber diese Passwortdatei ist so stark verschlüsselt (wahlweise mit AES[3] oder Twofish[4] mit einem 256 Bit langen Schlüssel), dass wir uns an dieser Stelle keine Gedanken machen müssen, dass in unse-

---

[1] https://de.wikipedia.org/wiki/Kerckhoffs%E2%80%99_Prinzip
[2] https://www.keepassx.org/
[3] https://de.wikipedia.org/wiki/Advanced_Encryption_Standard
[4] https://de.wikipedia.org/wiki/Twofish

rer Lebenszeit (es sei denn, wir sind Wowbagger der unendlich Verlängerte) diese Verschlüsselung gebrochen wird.

Der Vorteil von KeePassX besteht darin (neben der Tatsache, dass es sich auch hierbei um Open Source mit all ihren Vorzügen handelt und auch hier eben Kerckhoffs' Maxime zutrifft), dass es sehr portabel ist und für alle denk- und undenkbaren Plattformen (Linux, Mac OS und auch Windows) verfügbar ist.

Wovon wir tunlichst die Finger lassen sollten

In unserer von der Suche nach Bequemlichkeit (ich möchte hier ganz deutlich darauf hinweisen, dass Bequemlichkeit und Müßiggang *wenig* miteinander zu tun haben, nur am Rande :)) geprägten digitalisierten Welt werden oft so irrsinnige Vorschläge unterbreitet wie:

Speichere deine Passwörter doch in der Cloud, da hast du dann Zugriff von überall darauf!

Genau, und am besten lege ich meinen Wohnungsschlüssel *auf* meine Fußmatte vor die Tür, dann kann auch gleich jeder einfach an meine Sachen ran.

Ja sind die denn bescheuert!?

Niemals, niemals, never ever speichern wir Passwörter "in der Cloud".

Egal mit welchen wohlklingenden Namen die verschiedenen Anbieter von Cloudlösungen oder cloudbasierten Passwort-Tools hier die Sicherheit ihrer Angebote preisen, es ist ein Angriffsvektor der - nachgewiesenermaßen - bereits erfolgreich ausgenutzt wurde.

Also nochmal: Wenn wir Passwörter in der Cloud speichern, können wir auch die PIN unserer EC-Karte - mitsamt der zugehörigen EC-Karte - am nächsten Geldautomaten hinlegen.

***

TL;DR

- Passwort-Manager: warum denn?

- Papier und Panzerschrank: sicher aber schwer

- Master Password: sichere Passwörter bei Bedarf

- KeePassX: sichere Passwörter - überall

- Finger weg: nichts in den Wolken

Und jetzt? Noch Fragen offen, liebe Leser? Fragt mich - und wir finden gemeinsam ein paar Antworten.

5. Kurznachrichten

5.1 Wie? Immer noch WhatsApp?

Na, jetzt ist ja alles gut!

Jetzt wo WhatsApp schließlich Ende-zu-Ende verschlüsselt[1] ist! Jetzt können wir uns alle beruhigt zurücklegen und weiterhin jeden geistigen Müll in der digitalen Welt verteilen: Das ich wieder erfolgreich mein Hemd zugeknöpft habe, meine Socken gebügelt habe (natürlich wahlweise mit Bild oder Video!), wann der nächste Terroranschlag stattfinden soll [liebe NSA, wahlweise auch BND: Bloß weil hier das Wort "Terroranschlag" vorkommt, bedeutet es nicht, dass ich einen solchen plane. Falls ihr es doch denkt, kommt mich doch bitte besuchen, meine Adresse rauszufinden solltet sogar ihr fehlerfrei hinbekommen.] oder was ich über meinen Chef, diese *§$!# Pfeife, denke.

Das alles kann ich ja jetzt von mir geben! Kann ja keiner mehr lesen.

Yeah-yeah-yeah.

Oh, bitte.

Glauben wir wirklich, dass es das war?

---

[1] https://netzpolitik.org/2016/whatsapp-kann-jetzt-verschluesselung-auf-allen-geraeten/

WhatsApp hat uns verraten

Vergessen wir da vielleicht nicht, dass WhatsApp nicht wegen seiner tollen, innovativen Ideen im Bereich Kurznachrichten von Facebook gekauft wurde, sondern weil es einen riesigen Pool von Adressen (WhatsApp hatte zu diesem Zeitpunkt 450 Millionen Nutzer[1]) angehäuft hatte.

Die Technik hinter WhatsApp war weder neu, noch sicher, geschweige denn innovativ.

Ich weiß nicht, wie es euch damit geht, aber jemandem, der mir meine Daten aus meinem Adressbuch gestohlen hat, glaube ich nicht auf einmal, dass er jetzt plötzlich zu den Guten gehört, bloß weil er jetzt auf einer Welle der Kryptosympathisanten mitschwimmen will.

Inhalt ist irrelevant

Wer glaubt, es komme noch auf seine bedeutungslosen 140 Zeichen Inhalt an, die er so aufmerksamkeitsverloren von sich gibt, der denkt auch, dass der Höhepunkt der Überwachung damit erreicht ist, wenn Männer in Trenchcoats mit Schlapphüten an einer Ecke deiner Straße stehen.

---

[1] http://www.fr-online.de/meinung/facebook-kauft-whatsapp-whatsapp-ver-kauft-seine-kunden,1472602,26296742.html

Es geht schon lange nicht mehr um die Inhalte, die wir von uns geben. Metadaten sind viel aussagekräftiger. Wann kommuniziere ich wie lang mit wem und wie häufig. Das sind die Fragen, die sich die Überwacher stellen. Und auf diese Fragen bekommen diese ihre Antworten, egal ob die Inhalte verschlüsselt sind oder nicht.

Und achtet mal auf eure Kinder!

Mir ist es ja egal. Ich bin ja alt genug, aber ist euch bewusst, dass ein großer Teil der gesetzestreuen Eltern und Lehrer ihre Schützlinge in das juristische Verderben laufen lässt?

Oh. Was? Wie? Womit kommt er denn jetzt um die Ecke?

Damit: WhatsApp ist nur für Nutzer, die 16 Jahre oder älter sind erlaubt. Und kommt mir bitte nicht mit "aber bei Google Play steht doch USK ab 0 Jahren!".

Google Play interessiert an dieser Stelle nicht.

Es geht um die AGB von WhatsApp[1] und da steht:

> *"9. Ability to Accept Terms of Service*
> *You affirm that you are either more than 16 years of age, or an emancipated minor, [...]"*.

Also, liebe Eltern und liebe minderjährige Leser, jetzt überlegt euch mal was.

---

[1]   https://www.whatsapp.com/legal/

Und dieses "Was" ist eine vernünftige Alternative zu WhatsApp!

Geschlossen

Ein wichtiger Grundsatz von vertrauenswürdiger und sicherer Kommunikationssoftware ist Open Source.

Nur wenn wir die *Möglichkeit* haben, zu prüfen, wie ein kryptografischer Algorithmus implementiert ist und wenn wir sehen können, dass die Software keine Hintertüren enthält, dann können wir darauf vertrauen, dass wir an dieser Stelle auch nicht bespitzelt werden.

WhatsApp bietet dies nicht.

Natürlich können wir auf die hehren Versprechen vertrauen, dass die Entwickler von WhatsApp keine Hintertüren einbauen werden. Allein, mir fehlt der Glauben.

Fresst Scheiße, Fliegen!

Und ich bin des Arguments überdrüssig, dass ich WhatsApp nutzen soll, bloß weil WhatsApp eine Nutzergruppe von über 1 Milliarde Teilnehmer hat.

Na und? *Müdes schulterzucken*

Ich will mich nicht mit einer Milliarde Teilnehmern unterhalten.

Ich will mich mit genau einem Menschen, bestenfalls noch mit einer überschaubaren Gruppe von Menschen unterhalten.

Vielleicht ist es pathologisch bei mir, aber ich mache nicht etwas, bloß oder gerade, weil eine große Menge mehr oder minder vernunftbegabter Wesen dies tut.

Ich ernähre mich ja auch nicht von Fäkalien, bloß weil Milliarden Calliphoridae dies für eine gute Idee halten.

Setz - und nutz - ein Zeichen.

Seid doch divergent und nutzt für unterschiedliche Zwecke unterschiedliche Kurznachrichtendienste.

Es ist einfach, etwas auf seiner Funkgeige zu installieren - das könnt ihr alle und beweist es doch täglich, weil wir alle "einfach mal so" eine neue App ausprobieren.

Also probiert doch "einfach mal so" einen neuen Messenger aus.

Signal[1] bietet alles, was WhatsApp auch bietet - nur eben besser!

Stimmt euch doch einfach mit ein paar Freunden ab und probiert mit denen Signal aus.

Tut nicht weh, macht euch aber einfach cooler.

Hebt euch doch mal aus der trägen Masse heraus und hört auf, jedem Schaf nachzublöken!

***

TL;DR

---

[1] https://whispersystems.org/

- Krypto und jetzt ist alles gut? Nein!

- WhatsApp - You're a Liar! Verkauf unsere Daten und dann uns für blöd

- Metadaten verraten viel mehr als 140 Zeichen

- The Kids Are Not Alright - Lies die verdammte AGB!

- Wem vertraue ich - oder ist Kontrolle besser?

- „Um ein tadelloses Mitglied einer Schafherde sein zu können, muss man vor allem ein Schaf sein." - Albert Einstein

- Signal und Divergenz

Ach und wer glaubt, dass WhatsApp jetzt ein sicheres System ist, weil die Ende-zu-Ende Verschlüsselung auch zwischen verschiedenen Plattformen funktioniert (wenn man die Version aktualisiert hat ...), der glaubt auch, dass McDonalds ein Bio-Burger-Brater mit fairem Anspruch ist.

Und wer wirklich einen leckeren Burger essen will, geht entweder zu My Heart Beats Vegan[1] oder Bratar [2].

Lasst es euch schmecken und nichts gefallen!

---

[1] http://www.myheartbeatsvegan.de/
[2] http://www.bratar.de/

5.2 Wie kurznachrichte ich dann sicher?

Was wollen wir überhaupt erreichen, wenn wir jemandem eine Kurznachricht senden und warum sollte dies denn überhaupt sicher sein?

Fragen über Fragen, aber gut ist es, wenn wir uns diesen stellen.

Denn dann können wir erst bewerten, worauf es uns dabei ankommt.

Wenn es euch gänzlich egal ist, dann solltet ihr an dieser Stelle aufhören weiterzulesen und postet stattdessen lieber ein Selfie von eurem nächsten Schritt in eure Datenunmündigkeit.

Wir anderen überlegen uns, was wir erreichen wollen.

Was kurznachrichte ich?

Nun, wir sprechen hier von KURZnachrichten. 140 Zeichen. Da lässt sich jetzt eine längere philosophische Betrachtung der Notwendigkeit von Gut und Böse in einer dualistischen Welt eher schwerlich abhandeln (schon diesen Titel bekommen wir nur unter schmerzlichen Kürzungen zustande).

Eine KURZnachricht sollte einen KURZEN Inhalt in der Form von "Ich komme um 14 Uhr am Bahnhof an." haben. Gut, ein bissel länger geht schon, aber ich denke, ich habe mich verständlich gemacht.

Meine Aussage hinsichtlich eines kurzen INHALTs sehe ich auch noch aus einem anderen Blickwinkel: "Habe heute wieder ein lila-getupftes Hemd an! Toll!!!1!!! :)" ist zwar kurz, aber kein INHALT.

Können wir also vergessen.

Um dies jetzt aus Sicht von "wie kurznachrichte ich sicher" zu sehen, empfehle ich einen Dienst, der die INHALTE verschlüsselt. Das macht mittlerweile fast jeder. Sogar WhatsApp. Wenn alle beteiligten Kommunikationspartner die aktuelle Version haben.

Wenn euer Messenger das nicht kann, dann sucht euch einen anderen.

Was bedeutet "sicher"?

Welche Sicherheit streben wir nun an, wenn wir sicher kurznachrichten wollen?

- Meine Nachricht soll nicht mitgehört werden.

Das erreichen wir - wie bereits erwähnt - dadurch dass wir unsere Kommunikation verschlüsseln. Dies bieten - wie auch bereits erwähnt - mittlerweile die meisten Dienste an. Wenn uns das ein Bedürfnis ist und unser aktuell genutzter Dienst das nicht bietet, ist meine Empfehlung (wie bereits erwähnt): Sucht euch einen anderen Dienst.

- Ich will sichergehen, dass ich wirklich mit demjenigen kurznachrichte, mit dem ich denke, dass ich kurznachrichte.

Auch für die Aufgabenstellung der Authentifikation bieten die meisten Anbieter von Kurznachrichtendiensten eine Lösung. Das kommt quasi im Zuge der Verschlüsselung mit oben drauf, dass die Nachrichtenaustauscher die Möglichkeit haben, zu überprüfen, dass tatsächlich sie miteinander kurznachrichten und nicht irgendjemand sich in die Leitung geklemmt hat.

Als weiteres Schmankerl der hier verwendeten Kryptografie ist weiterhin die Möglichkeit inkludiert, zu überprüfen, ob die Nachricht auf der Strecke von A nach B verändert wurde.

Wenn ich jetzt also schreibe: "Ich komme um 14 Uhr am Bahnhof an." und meine Nachricht wird auf dem Weg in: "Ich komme um 15 Uhr am Bahnhof an." geändert, führt dies nur zu Ungemach und Ärger, wenn der Empfänger der Nachricht nicht feststellen kann, dass die Nachricht geändert wurde.

Ist Anonymität möglich?

Meiner Ansicht nach: nein.

Im Kurznachrichtendienstbereich ist keine Anonymität möglich, da wir immer digitale Spuren hinterlassen.

Schon allein dadurch, dass wir (meist) unsere Handynummer angeben müssen, damit unsere Nachrichten uns erreichen, ist das mit der Anonymität schon mal Essig.

Außerdem gibt es ja noch das Über-Thema der Metadaten, die fallen halt einfach an!

Mike Kuketz hat das Thema Anonymität im Internet in seinem Blog[1] sehr schön beleuchtet.

Metadaten werden immer gesammelt

Da auch die dateninteressierten Anbieter der Kurznachrichtendienste mittlerweile begriffen haben, dass der Inhalt der meisten Nachrichten nicht die Bits und Bytes wert sind, die dafür ihr digitales Leben lassen mussten, haben auch so fortschrittliche Anbieter wie WhatsApp den Schritt zur Verschlüsselung der Kommunikation getan.

Es sind die Metadaten, die unsere Kommunikation so wertvoll machen. Wer mit wem, wann, wie oft, wo? Dies sind die Fragen, welche die Datenschürfer interessiert - und auf die sie auch alle Antworten bekommen. Unabhängig davon, ob die Nachrichten verschlüsselt sind. Die Inhaltsleere der Nachrichten ist den Datenjägern und -sammlern längst bewusst. Die für sie wertschöpfende

---

[1] https://www.kuketz-blog.de/kommentar-der-mythos-vom-anonymen-vpn-zugang/

(und uns ausbeutende) Korrelation findet mehr als ausreichend über die Metadaten statt.

Beschränke dich!

Aber was können wir gegen diese perfide Art der Überwachung unternehmen?

Heulen und Zähneknirschen?

Hilft - solange wir während dessen nicht auch in der Gegend herum texten:

"Heule und zähneknirsche gerade!!!11!!!!"

Nein, beschränken wir uns.

Liefern wir keine Metadaten.

Wir haben doch auch überlebt (und besser möchte ich meinen), als wir nicht alle sieben Minuten unseren geistigen Sondermüll in der virtuellen Gegend herumgeschickt haben!

Datensparsamkeit ist die einfachste und wirksamste Maßnahme, um die Datengier einzubremsen.

Außerdem tun wir uns und unseren Kommunikationspartnern einen riesigen Gefallen, wenn wir den Datenmüllberg nicht noch um etlich sinnlose Daten erhöhen.

Das hohe Lied auf Open Source

Es gibt so ein paar grundlegende Eigenschaften, die im Bereich sichere Kommunikation einfach immer wieder auftauchen.

Und dazu gehört auch Open Source.

Software, die sich ernsthaft mit Verschlüsselung beschäftigt, sollte eben Open Source sein.

Nur dadurch kann sichergestellt werden, dass - die Algorithmen richtig implementiert sind

- keine Hintertüren eingebaut sind

Darum werde ich hier auch nicht müde zu sagen: Achtet darauf, dass der Messenger den ihr einsetzt, Open Source ist.

Und WhatsApp ist das eben nicht.

Vielseitigkeit

Seid nicht so einseitig. Hängt eure Gunst nicht an einen Schreihals, bloß weil dieser die meisten Datenschleudern hat. Was wollt ihr denn? Die Welt erreichen? Dann ist der Weg über Kurznachrichten meiner Ansicht nach sowieso der Falsche.

Mit Kurznachrichten will ich einen oder maximal eine Handvoll Empfänger erreichen - mehr nicht.

Dazu muss ich nicht den Dienst wählen, der die meisten Teilnehmer hat, sondern den Dienst, den mein Empfänger nutzt. Und das kann ich ganz individuell mit diesem Empfänger auskaspern.

Daher mein Rat: Nutze doch einfach mehrere Anbieter und stifte ein wenig Verwirrung um deine Kommunikationswege.

Und was bleibt mir sonst?

Kurznachrichtendienste sind ja nicht die einzige Möglichkeit, um miteinander in Kontakt zu bleiben.

Schreibt doch einfach mal eine Postkarte. Ist auch kurz (sogar, wenn man kleinschreibt, länger als 140 Zeichen).

Liest auch kein Mensch. Ist zwar offen, aber so offensichtlich, dass hier niemand große Geheimnisse erwartet. Das sieht auch Hans Magnus Enzensberger [1] so.

Außerdem ist eine Postkarte deutlich anonymer als jede digitale Kurznachricht :)

Und wenn jetzt hier Gemaule über die Laufzeiten von Postkarten losbricht: Mir geht es um KURZnachrichten, nicht SOFORTnachrichten!

***

TL;DR

- Mehr Inhalt statt Datenmüll: Was kurznachrichte ich

- Was ist schon Sicherheit: Confidentiality, Integrity, Authenticity

---

[1] http://www.faz.net/aktuell/feuilleton/debatten/enzensbergers-regeln-fuer-die-digitale-welt-wehrt-euch-12826195.html

- Anonym ist anders: Das kriegen wir hier nicht

- Hättest du geschwiegen, wärest du geheim geblieben: Datensparsamkeit

- Die Quelle aller Sicherheit: Open Source

- Sei bunt, sei vielseitig, sei frei!

- Snail Mail rules: ein Hoch auf Postkarten

Und jetzt?

Schweigen und die Sonne genießen. Ohne es zu posten.

5.3 Was kann schon passieren...ich hab ja nix zu verlieren!

Es geht nicht darum, ob wir etwas zu verheimlichen haben

Mir geht es gar nicht darum, ob ich durch mein ständiges gesimse (erinnert ihr euch noch an die Zeiten, als Gesimse etwas mit Bergsteigen und Fassadengestaltung zu tun hatte, anstelle von elektronischen Kurznachrichten?), gechatte und geschnatter meine Zeit verschwende oder tatsächlich wichtige Informationen verteile.

Heute will ich ein Plädoyer dafür halten, dass wir uns keine Gedanken darüber machen sollten, ob wir etwas zu verlieren oder zu verheimlichen haben, wenn wir in der digitalen Weltgeschichte herumtexten.

Es geht darum, dass es unser Recht ist.

Unsere - und ganz viele andere - Gesellschaften gründen auf der Allgemeinen Erklärung der Menschenrechte von 1948[1] und eines dieser Menschenrechte ist das Recht auf den Schutz der Privatsphäre. So heißt es in Artikel 12:

„Niemand darf willkürlichen Eingriffen in sein Privatleben, seine Familie, seine Wohnung und seinen Schriftverkehr oder Beeinträchtigungen seiner Ehre und seines Rufes ausgesetzt werden. Jeder hat Anspruch auf rechtlichen Schutz gegen solche Eingriffe oder Beeinträchtigungen.“

Deutlicher geht es wohl kaum noch, um laut und klar vernehmlich allen Datenschnorchlern, sei es aus politischen Gründen, im Zeichen des Terrorschutzes (wobei ich mich frage, ob die flächendeckende Überwachung nicht ebenso eine Form des Terrors ist) oder für rein wirtschaftliche Zwecke, zu sagen: Finger weg von meinen Daten! Es geht euch nichts an!

Und es geht sogar noch deutlicher:

Im Grundgesetz[2] lesen wir in Artikel 10:

> *„Das Briefgeheimnis sowie das Post- und Fernmeldegeheimnis sind unverletzlich.“*

---

[1] http://www.ohchr.org/EN/UDHR/Pages/Language.aspx?LangID=ger

[2] https://www.bundestag.de/bundestag/aufgaben/rechtsgrundlagen/grundgesetz/gg_01/245122

Da steht nicht, wir stimmen zu, dass zu Werbezwecken unsere Nachrichten untersucht werden dürfen. Oder auch die anlasslose Überwachung ist damit schlicht und einfach nicht vereinbar.

Nein, da steht ganz klar "unverletzlich".

Dieses Grundrecht macht uns quasi zum Superman der Kommunikation. Niemand darf ohne meine Zustimmung lesen, was ich einer anderen Person im Vertrauen schreibe.

Und das Kryptonit der digitalen Auswertung und Überwachung darf einfach nicht eingesetzt werden.

Punkt.

Deus Ex Machina der Datensammler: Metadaten

Und wieder komme ich auf Metadaten zu sprechen.

Diese fallen an, und zwar vollkommen unabhängig davon, was wir inhaltlich mitteilen. Für die Datenauswerter sind die dabei anfallenden Metadaten das neue Datengold.

Die fünf W der Datensammlung sind der Maßstab, mit dem die Datenkraken messen:

- wer

- wann

- wo

- mit wem

- wie oft

Momentan liefern wir diese Daten einfach mit, es führt kein Weg daran vorbei. Und was ich noch viel entrüstender finde: Diese Metadaten verletzen aus der Sichtweise der Datensammler noch nicht einmal die oben angeführten Grundrechte, denn sie wurden einfach aus dem zu schützenden Inhalt herausdefiniert.

Da kann ich nur sagen: Vielen Dank liebe Regierungen, da habt ihr einen tollen Job beim Schutz eurer Schutzbefohlenen geleistet!

Ich halte die Information darüber, wer, wann, wo und wie oft mit wem kommuniziert für genauso schützenswert wie den Inhalt, den ich mitteile!

Und was kann passieren?

Ja, was kann jetzt passieren, wenn wir dauerhaft und flächendeckend rund um die Uhr überwacht werden?

Wir verlieren uns selbst. Wir verlieren die Möglichkeit, uns zurückzuziehen. Wir verlieren den Freiraum, in dem wir uns entwickeln können.

Wir verlieren unsere Freiheit und unsere Privatsphäre.

Wir werden reduziert zu Laborratten, die ständig beobachtet und nach dem Willen der "überwachen Augen [die] zehnmal schärfer sehen" wie Rio Reiser[Link auf YouTube - In der Nacht] es singt.

Und schon lange heißt es nicht mehr nur "Big Brother Is Watching You". Nein, es sind auch seine geldgierige Tante Facebook, sein datengieriger Großonkel Google und seine vollkommen paranoiden Cousins NSA, GCHQ und BND, die uns unserer Privatsphäre berauben und uns viel umfassender und effektiver - weil wir zu einem Großteil freiwillig mitmachen - überwachen.

Unter Generalverdacht der überwachen(den) Augen

Der Wahnsinn der allumfassenden und verdachtslosen Überwachung stellt uns alle unter den Generalverdacht der - Gesetz bewahre! - Individualität. Wo kommen wir denn hin, wenn hier jeder denkt und sagt, was er will. Wenn das so weiter geht, verlangt dann noch jemand Gedankenfreiheit. So weit wird's kommen.

Dann wird das ja mit der "interessenbezogenen" Werbung oder der zielgruppengesteuerten Produktplatzierung ganz schwierig. Das wirkt sich dann natürlich ganz schlecht auf die quartalsgetriebenen Marktprognosen aus.

Und der Terrorschutz erst.

Wenn wir hier nicht ganz genau hinschauen, dann werden wir überrannt werden. Von rechts und links. Oben und unten. Minimalistisch, extremistisch, extraterrestrisch oder aquaristisch gar!

Das Abend- wie das Morgenland würde sich plötzlich in einem unüberwachten Moment auflösen und was wäre dann da?

Anarchie womöglich!

Dann hätte "jeder sein eigen Glück unter den Händen" wie Johann Wolfgang Goethe es denkt.

Das wäre natürlich schrecklich für die Generalverdächtiger.

Wir werden angreifbarer

Ja glauben denn die Datensammler, dass sie unsere Daten für immer unter Verschluss halten können?

Lernen sie nichts aus den zunehmenden erfolgreichen Datendiebstählen?

Glauben sie denn ernsthaft, dass sie unangreifbar sind?

Je mehr Daten uns gestohlen werden, desto angreifbarer werden wir. Nicht nur durch die Datensammler selbst, die Geheimdienste, die Datenkraken. Nein, auch die andere dunkle Seite der Datenmacht, die Datenkriminellen, die digitalen Räuber sind dankbare Profiteure dieser maßlosen Datenflut. Die Daten, die sie Google, Facebook, NSA und GCHQ stehlen können, brauchen sie vorher uns gar nicht selbst aus den Tablets, Smartphones und IoT-Geräten stehlen. Nein, diese bekommen sie dort schon einsatzbereit korreliert geliefert.

Welch wunderbare kriminelle Utopie steht auch diesen Datendieben bevor.

***

TL;DR

- Mensch, dein Recht: Das Recht auf Privatsphäre und unverletzte Kommunikation

- Behold, what I have seen: Metadaten

- Was kann schon passieren: Die Eisscholle der Privatsphäre in der Hölle der Überwachung

- Wir sind alles Terroristen: Unter Generalverdacht

- Gestohlen, gesammelt, korreliert: Wir werden angreifbarer

Und jetzt? Empört euch, schreibt Briefe, dann müssen wieder mehr Postbeamte zum scannen unserer Kommunikation eingestellt werden :)

5.4 Ich hab gar nix mitbekommen Kurznachrichten und Aufmerksamkeit

Warum habe ich eigentlich ständig den Drang, der gesamten virtuellen Weltgeschichte meine aktuelle Befindlichkeit mitzuteilen?

Worin liegt für mich der Vorteil, wenn ich alle sieben Minuten meine zu diesem Zeitpunkt wesentlichen 140 Zeichen Gemütszustände poste?

Diese und drei weitere Fragen will ich in diesem Artikel betrachten und möglicherweise auch näher beleuchten.

Warum lass ich mich eigentlich immer ablenken?

Ach, was habe ich gerade gesagt, 'tschuldige, ich musste kurz was simsen (gibt es schon ein eigenes Verb für „Eine Nachricht mit WhatsApp verschicken"? Heißt das "whatsappen"? Falls ja und falls ernsthaft in Betracht gezogen wird, dies in den Duden aufzunehmen, sehe ich schwarz für die abendländische Sprachkultur).

Die Angst, den informatorischen Anschluss zu verlieren, treibt meiner Meinung nach viele Nutzer in eine Art pawlowschen Reflex, der durch den Kurznachrichten-Signalton ausgelöst wird und nicht in erhöhtem Speichelfluss, sondern unwillkürlichem beantworten der eben eingetroffenen Nachricht führt.

Egal ob ich gerade ein Hemd bügle, eine angeregte Unterhaltung oder ein Fahrzeug führe.

In jedem Fall führt dieses Verhalten zu Verärgerung (ein Loch ins Hemd gebrannt), Missmut (die angeregte Unterhaltung für einen virtuellen geistigen Leerstand unterbrochen) oder Tod (dummerweise mit 240 km/h in den warnblinkenden 40-Tonner vor mir gerast).

Ich frage mich, ob unserer digitalisierten Gesellschaft das, was sie im Moment tut, zu langweilig ist und wir uns aus diesem Grund so gern ablenken lassen.

Es liegt wohl auch an den kleinen, leicht verdaulichen 140 Zeichen Information, die da pro Nachricht auf mich zukommen. Darin lassen nur schwerlich längere und komplexere Gedanken formulieren.

Genau dies scheint mir auch der Grund dafür zu sein, dass wir uns so bereitwillig von diesen 140 Zeichen leicht verdaulichem Inhalt ablenken lassen: Es ist etwas, das uns von der öden Realität, in der wir gerade stecken, ablenkt und uns eine kurze Flucht weg vom Hier ermöglicht. Egal wohin. Ganz schön traurig, finde ich.

Dieser Gedanke führt mich zu der Frage:

Wo bin ich eigentlich, wenn ich kurznachrichte?

Ich habe immer das Gefühl, Menschen (zum Glück hat sich das kurznachrichten mittels Funkgeige bei Hunden und Kaninchen noch nicht durchgesetzt), die durch die Gegend whatsappen (lautmalerisch gefällt mir dieses Wort: es liegt irgendwo zwischen würgen und stolpern), tun genau dieses: sie würgen sich ein paar schnell getippte Zeichen aus den Fingern, um dann zu vermeiden, über die eigenen Füße oder gegen den nächsten Laternenmast zu stolpern.

Sie sind weder hier (auf dem Weg durch einen Park, in einem Café oder auf ihrem Fahrrad oder am Steuer ihres - für diese Aktion viel zu schnellen - Autos) noch sind sie beim zeichenwürgenden und kommunikationsverstolperten Gegenpart (ich mag es nicht Kommunikationspartner nennen, denn das ist keine Kommunikation, die hier stattfindet).

Diese armen, unbewussten Kurznachrichter, wo sind sie denn? Möglicherweise im Fegefeuer ihrer eigenen digital präsentismusgesteuerten Eitelkeiten. Irgendwo zwischen nicht mehr ganz Hier aber auch noch nicht ganz Dort.

Ihr habt mein Mitgefühl.

Ich wünsche euch einen plötzlichen Akkuausfall, vielleicht macht es alles eine Zeit lang (bis zur nächsten Steckdose) ein wenig bewusster ;)

Kurznachrichten fragmentieren das Denken

Die ständige -Düdelüt!- aufmerksamkeitsheischende, Wichtigkeit -Düdelüt!- simulierende Datenflut, mit der -Düdelüt!- uns die Kurznachrichtigkeit (vielleicht sollten wir uns hier auf den Begriff "Kurzunwichtigkeit" -Düdelüt!- einigen) durchschnittlich alle dreizehn Minuten (so hat es Alexander Markowetz mit seinem Menthal-Projekt[1] herausgefunden) aus unserer -Düdelüt!- Aufmerksamkeit herausreißt -Düdelüt!--Düdelüt!- finde ich schon erschreckend.

(Anmerkung des Autors: Ganz schön -Düdelüt!- ätzend, wenn so -Düdelüt!- die Aufmerksamkeit ständig unterbrochen -Düdelüt!- wird :))

Wir kommen einfach nicht in den Flow[2], den unser Gehirn braucht, um konzentriert und kreativ zu arbeiten.

Multitasken funktioniert nicht - mach das eine oder das andere.

Um gleich noch mit einer anderen uns so sorgsam angefütterten Mär aufzuräumen, die gerne auch im Zusammenhang mit kurznachrichtlicher Datenvermüllung angebracht wird: Multitasking.

"Ich kann doch locker ne Simse schicken, während ich - zugegebenermaßen freisprachlich - telefoniere, mir einen Burger zwischen

---

[1] http://www.markowetz.de/
[2] https://de.wikipedia.org/wiki/Flow_%28Psychologie%29

die Kiemen zerre und mit 280 Sachen Mittelklasseautos von der linken Spur jage."

Nein, kannst du nicht. Kann niemand. Ist Blödsinn. Niemand kann multitasken. Männer nicht, Frauen nicht. Und Computer simulieren es nur durch mehrere Prozessoren.

Miriam Meckel spricht dieses Thema in Ihrem Buch "Das Glück der Unerreichbarkeit" ebenfalls an - und findet für diesen Standpunkt ebenfalls noch weitere überzeugende Argumente.

Wir sind Menschen. Wir können - wenn wir uns konzentrieren und nicht abgelenkt werden - eine Sache gleichzeitig machen. Wir sollten nicht versuchen etwas zu imitieren, was einfach nicht in unserer Natur liegt.

Mach das Eine. Mach das bewusst und aufmerksam. Und dann mach das Andere.

Wenn du versuchst, beides gleichzeitig zu machen, schaffst du eines ganz sicher: nämlich keines der beiden Dinge richtig.

Kann ich etwas tun? Was kann ich tun?

Klar kannst du etwas tun. Nämlich genau eine Sache.

Ich sage nicht: Kurznachrichte nicht.

Ich sage: Kurznachrichte bewusst. Bleib stehen, wenn du eine Kurznachricht liest oder schreibst. Es erhöht deutlich die Qualität deiner Inhalte und es erhöht deutlich die Qualität deines Erlebens.

Vielleicht erhöht es auch die Qualität deines Lebens, wenn du mit 280 Sachen auf der Autobahn unterwegs bist.

Überleg dir bewusst, was du schreiben willst. Schreib nicht bloß als pawlowscher Reflex. Schreibe, weil du etwas zu schreiben hast.

Gönne dir Pausen. Schreib nicht immer. Lass dich in den Flow kommen und schalte deine digitale Bedrohung auch mal aus. Wenn du dir Zeiten setzt, in denen du mal nicht gestört wirst, dann wird dein Erleben deiner aktuellen Tätigkeit deutlich besser werden.

Auch hier sage ich nicht: Schreibe keine Kurznachrichten.

Ich sage: Schreibe zu festgelegten Zeiten.

Es geht bei deinen Inhalten nicht um zeitkritische Dinge, sowas solltest du sowieso nicht per Kurznachrichtendienst übermitteln, denn es ist keine Echtzeitkommunikation und die Illusion von *Sofort*nachrichten ist eben nur eine Illusion. Die Nachricht kann einfach mal irgendwo hängen bleiben. Wenn du jemand *sofort* erreichen willst, ruf an!

***

TL;DR

- wieder nicht aufgepasst: Warum lass ich mich ablenken?

- heute hier, morgen dort: Wo bin ich eigentlich, wenn ich kurz-nachrichte?

- ich kann mich nicht konzentrieren: Kurznachrichten fragmentiert das Denken

- alles zeitgleich ist gleichzeitig nichts richtig: Multitasking funktioniert nicht

- was tun? was lassen? - Welche Wege führen aus dem Kurznach-richtenirrsinn?

Und jetzt lest mal zur Abwechslung ein paar gute Bücher zu dem Thema:

Miriam Meckel, Das Glück der Unerreichbarkeit[1]

Alexander Markowetz, Digitaler Burnout[2]

Rolf Dobelli, Vergessen Sie die News![3]

---

[1] https://www.genialokal.de/Produkt/Miriam-Meckel/Das-Glueck-der-Uner-reichbarkeit_lid_8224999.html
[2] https://www.genialokal.de/Produkt/Alexander-Markowetz/Digitaler-Bur-nout_lid_27502637.html
[3] http://www.dobelli.com/wp-content/uploads/2011/06/Dobelli_Verges-sen_Sie_die_News.pdf

6. Überwachung

6.1 Wer überwacht uns...und warum?

Ich glaube, dass uns ein Blick darauf, wer uns überwacht und welche Gründe er dafür aufs Tapet heften kann, helfen kann, die ganze Überwachungs-Arie gelassener anzugehen.

In meinen Augen ist diese ganze Überwachungsnummer - gelinde gesagt - zum Kotzen und einer freiheitlich orientierten Gesellschaft wie der unseren vollkommen unwürdig.

Daher stelle ich hier meine Sichtweise auf die verschiedenen Gegenspieler im Überwachungsspiel vor.

Vater Staat und seine Handlanger

Hier betrachte ich jetzt nicht nur unseren Vater Staat im beschaulichen Deutschland, sondern hebe meinen Blick über den Tellerrand nationaler und geographischer Grenzen.

Da beginne ich auch gleich bei unseren transatlantischen Freunden mit ihrem Auslandsgeheimdienst, der National Security Agency (NSA). Diese haben, wie wir seit den Veröffentlichungen von Edward Snowden wissen, die Messlatte was Überwachung angeht schon mal ordentlich hoch gelegt. Um dem PRISM-Programm der NSA überwachungstechnisch das Wasser zu reichen, muss ein Datenschnorchelsystem schon ordentlich in die Trickkiste greifen.

Denn PRISM[1] greift sich Daten aus so unwichtigen Bereichen wie E-Mail, Social-Media-Plattformen, Cloudspeichern, Chatsystemen, IP-Telefonie, Videokonferenz-Systemen und weiteren Sonderwünschen ab.

Kurz gefasst wird bei PRISM alles digital kommunizierte erfasst, was nicht bei drei auf den kryptographisch geschützten Bäumen ist.

Also das ist schon mal eine ganz schöne Packung.

Und warum tun sie das?

Na, damit wir ruhiger schlafen können und die bösen Terroristen uns nicht alle heimlich im Schlaf überfallen und wahlweise töten, in Angst und Schrecken versetzen oder uns ihr vermeintlich richtiges Regime aufoktroyieren.

Hmm ... seltsam, wo ich jetzt so formuliere ... tun das die Machthaber hinter PRISM nicht auch?

Nein, nein, da muss ich mich irren, denn die sind ja die Guten.

Auf jeden Fall halte ich jemanden, der eine Rund-um-die-Uhr-und-Überall-Überwachung für alle Teilnehmer an digitaler Kommunikation aufsetzt, durchführt und verantwortet für einen Fall für die Klappe.

---

[1] http://www.theguardian.com/world/interactive/2013/nov/01/prism-slides-nsa-document

Egal, aus welch fadenscheinigem Grund man dies anzettelt und durchführt. Nationale Sicherheit hin und Terrorabwehr her. Meiner Meinung nach haben wir schon verloren, wenn wir in einer solchen Welt unter solch einer digitalen Totalüberwachung leben.

Dann rücke ich in meiner weiteren Betrachtung den Fokus auf Europa.

Hier schaffen es tatsächlich unsere royalen Freunde von den Britischen Inseln, dem Überwachungsprogramm aus ihrer ehemaligen transatlantischen Kolonie doch noch den Rang abzulaufen.

Die Geheimdienstaktion Tempora[1] des Government Communications Headquarters, kurz GCHQ, schafft es laut Abschätzungen whistleblowender Quellen ungefähr 40 Milliarden Datensätze **pro Tag** aus den Unterseekabeln herauszusaugen. Auch bei dieser im Umfang noch umfassenderen Überwachungsaktion der globalgalaktischen Digitalkommunikation wird wieder das Wohl und Wehe der - westlichen - Welt als Grund vorgeschoben.

Naja, ich wiederhole mich, wenn ich sage: Unter totaler Überwachung und in Angst zu leben, ist nicht das, was ich unter einem Leben in Freiheit verstehe.

Richte ich meine Aufmerksamkeit auf unseren eigenen sicheren Hafen demokratischer Freiheit.

---

[1] http://www.wired.co.uk/news/archive/2013-06-24/gchq-tempora-101

Betrachte ich zunächst den Bundesnachrichtendienst (BND), unseren bundeseigenen Auslandsgeheimdienst. Auch dieser möchte am allgemeinen Überwachungsspiel teilnehmen.

Dafür wurde hier jedoch kein eigenes - bisher bekannt gewordenes - Überwachungswerkzeug geschaffen. Dafür diente und dient weiterhin der BND als williger Datenlieferant für die NSA und GCHQ[1]. Darüber hinaus fremdfischte der BND auch noch im Inland und zapfte fröhlich den weltweit größten Netzknoten für den Internetverkehr, den DE-CIX in Frankfurt am Main an.

Herzlichen Glückwunsch, sage ich dazu.

Schämt ihr euch nicht?

Ich tu es jedenfalls.

Habt ihr denn gar nix aus der Geschichte gelernt? Reichen zwei denunzierende und volksüberwachende Regime mit Überwachungs- und Unterdrückungswerkzeugen wie Gestapo und Stasi nicht aus, um einfach mal so viel Arsch in der Hose zu haben und zu sagen: Nein, wir überwachen unsere (oder andere) Bevölkerung nie wieder!

Widerlich, armselig, das halte ich davon.

---

[1] http://www.theguardian.com/uk-news/2013/nov/01/gchq-europe-spy-agencies-mass-surveillance-snowden

Armselig, das ist auch das, was mir zu der Überwachungsmethodik der deutschen Polizeibehörden durch die Vorratsdatenspeicherung einfällt. Armselig finde ich es zum einen, dass wir alle damit einfach mal unter Generalverdacht gestellt werden. Armselig finde ich weiterhin, es nochmals mit einer bereits schon einmal gescheiterten Methode zu versuchen.

Mir fällt dazu Albert Einstein ein:

> *"Die Definition von Wahnsinn ist, immer wieder das Gleiche zu tun und andere Ergebnisse zu erwarten."*

Auch die Vorratsdatenspeicherung wird uns kein Stück mehr Sicherheit bringen. Was sie uns mit Sicherheit bringt: Mehr Kontrolle und Überwachung - zwei Zustände, die ich für mich nicht mit einem Leben in einer freiheitlichen Gesellschaft in Einklang bringen kann.

Datenkraken und ihre konsumgeilen Ausläufer

Neben dem staatlichen Überwachungs- und Kontrollirrsinn gibt es zusätzlich noch private Datensammler, -schnüffler und -verarbeiter. Das sind die Googles, Facebooks und weitere wie widerliche Eitergeschwüre der digitalen Entwicklung erwachsende Unternehmen. Diese spiegeln uns nicht die vermeintliche Verbesserung unserer Sicherheit vor - sondern unseren eigenen wirtschaftlichen

Vorteil - unter diesem Deckmäntelchen steckt natürlich auch hier nur ihre grenzenlose Datensammelgier.

Auch die dazugehörigen Methoden unterscheiden sich von denen, die bei staatlicher Überwachungswut Verwendung findet. Wo die einen im Verborgenen agieren, da geben wir den privaten Datenkraken unsere Daten freiwillig, bereitwillig gar, für ein paar armselige Rabattpunkte oder ein wenig Online-Reputation her.

Das "warum?" ist ein anderes - das "wie?" mittlerweile nicht mehr. Beide - staatliche wie private - Datenkraken horchen uns aus - für ihre Zwecke und zu unserem Schaden.

Wir uns selbst und gegenseitig

Die perfideste Art der Überwachung jedoch betreiben wir selbst. Nicht nur, dass wir uns gegenseitig überwachen, sei es über Kurznachrichtendienste, die mitteilen, wann das Nachrichten-Gegenüber das letzte Mal aktiv war. Oder über Plattformen wie Nextdoor, in der wir unsere eigenen Videoüberwachungskameras einhängen können. Nein, wir treiben es noch auf die Spitze und überwachen uns selbst. Wir vermessen unseren Puls, wir lassen unsere Schritte zählen, wir tracken unser Schlafverhalten. Wir kontrollieren und bewerten uns selbst, bis wir nichts weiter mehr sind als Zahlen in einer Statistik.

Und die laden wir dann auch noch auf einen obskuren Server hoch, damit unsere Versicherungen und unsere Krankenkassen diese Daten alle aufbereiten und korrelieren können.

***

TL;DR

- Datensaugen für den Terrorschutz: NSA, GCHQ, BND und Polizei

- Datenkraken aus Profitgier: Unternehmerische Datengier

- Selbst ist der Überwacher: Kalorienzählen für die Cloud

Nun, nach diesem Parforceritt durch die Überwachung habe ich noch eine gute Nachricht zum Abschluss:

Wer uns wirklich nicht überwacht ist Mutter Natur und da sollten wir bei diesem schönen Wetter auch sein :)

6.2 Wir überwachen dich – nur zu deiner eigenen Sicherheit!

Das wir, natürlich nur zu unserer eigenen Sicherheit, überwacht werden, ist das reflexhaft herausgeblökte Argument von staatlicher Seite, wenn es um das Thema Überwachung geht.

Ich möchte an dieser Stelle einige Gedanken sammeln und vorstellen, wie denn diese Überwachung von staatlicher Seite aussieht und was diese Überwachung uns bringt - außer Ungemach und Angst.

„Einen Staat, der mit der Erklärung, er wolle Straftaten verhindern, seine Bürger ständig überwacht, kann man als Polizeistaat bezeichnen."

So äußerte sich Ernst Benda 2007 zum Thema Vorratsdatenspeicherung.

Und damit bin ich schon mittendrin.

Vorratsdatenspeicherung

Die zweite Auflage des überwachungstechnischen Versuchs anhand der massenhaften, anlasslosen Speicherung von personenbezogenen Daten aus dem Telekommunikationsbereich, um Straftaten zu verhindern oder aufzuklären.

Nun, die Neuauflage der VDS ist beschlossen, in Kraft getreten aber noch nicht vollständig umgesetzt - die Speicherpflicht ist erst bis spätestens 1. Juli 2017 zu erfüllen, daher schauen wir uns doch einmal an, wie sich die Aufklärungsquote beim ersten Versuch entwickelt hat.

Da heißt es im Sachstandsbericht des Wissenschaftlichen Dienstes über die praktischen Auswirkungen der VDS auf die Entwicklung der Aufklärungsquoten:

"Die Aufklärungsquote weist keine signifikante Änderung auf."[1]

Na, das hat sich ja dann doch mal richtig gelohnt.

Mehr Kosten, mehr Aufwand, mehr Speicherplatz, mehr Unmut und mehr Angst bei den Anwendern führt zu - exakt nichts.

Wenn ich das lese, dann habe ich doch erhebliche Zweifel, dass sich meine persönliche Sicherheit durch die Einführung der VDS erhöht hat. Was soll überhaupt erreicht werden, wenn massenhaft, ohne Anlass, all unsere Kommunikation - entschuldigung, es sind ja nur die *Verbindungsdaten*, nicht die Inhalte - überwacht werden?

"Schwerste Verbrechen", also alle kriminelle Energie, die sich gegen Leib und Leben, unsere Freiheit richtet und Terror aller Art auslöst, dies alles soll die VDS helfen aufzuklären.

Das klingt doch schon mal vielversprechend.

Wenn ich jedoch Aussagen wie diese von Reinhold Gall lese:

"Ich verzichte gerne auf vermeintliche Freiheitsrechte wenn wir einen Kinderschänder überführen."[2]

, dann wird mir ganz, ganz anders.

---

[1] http://www.vorratsdatenspeicherung.de/images/Sachstand_036-11.pdf
[2] http://saschalobo.com/2015/06/22/wie-man-nicht-fur-die-vorratsdatenspeicherung-argumentiert/

Da sehe ich mal wirklich schwarz für unsere Freiheit, wenn die Verhältnismäßigkeit so sehr eingedampft wird, dass die vollständige telekommunikative Überwachung einer kompletten Bevölkerung mit der Überführung eines Straftäters gerechtfertigt wird.

Mir läuft es eiskalt über den Rücken und ich fühle schon die Handschellen, die sich um meine Handgelenke schließen beim Gedanken an meine letzten Falsch-parken-Manöver und die roten Ampeln, die ich ignoriert habe.

***

NSAGCHQBND - zehn Buchstaben für unsere Terrorsicherheit

Auch international betrachtet sieht das ganze "Das-ist-doch-für-deine-Sicherheit" Argument in meinen Augen so gar nicht gut aus.

Laut The Guardian[1] hat das GCHQ die technische Möglichkeit, ungefähr ein Viertel aller Daten, die in und aus dem Vereinigten Königreich via moderner Digitalkommunikation fließen, zu überwachen. Das sind 21,6 Petabyte - pro Tag -, ungefähr die 192-fache Menge an Büchern, die in der British Library vorhanden sind.

---

[1] http://www.theguardian.com/uk/2013/jun/21/how-does-gchq-internet-surveillance-work

Auch die Zahlen der NSA sind für mich beeindruckend. Mit der UPSTREAM Datensammlung[1] ist die NSA in der Lage, pro Monat 160 Milliarden Datensätze aus den weltweiten Glasfasernetzen auszulesen.

Dazu kommen noch die 6,6 Milliarden Metadaten, welche der BND monatlich im Rahmen der Operation Eikonal[2] aus dem DE-CIX, einem der weltweit größten Netzknoten des Internets, herausfischt.

Und wofür das alles?

Für unsere Sicherheit. Um Terroranschläge zu verhindern. Damit wir in Freiheit leben können.

Tatsächlich?

***

Sicherheit oder Freiheit?

Ich fühle mich nicht sicherer, wenn all meine digitale Kommunikation (und auch meine realen Bewegungen) aufgezeichnet, analysiert und bewertet werden. Ganz im Gegenteil.

Ich stimme an dieser Stelle Benjamin Franklin zu, wenn er sagt:

---

[1] https://www.privacyinternational.org/node/482
[2] https://de.wikipedia.org/wiki/Operation_Eikonal#Operation_Eikonal

*„Wer die Freiheit aufgibt, um Sicherheit zu gewinnen,
wird am Ende beides verlieren. "*

Es gibt einfach keine Garantie für Sicherheit in unserem Leben. Und wenn wir damit beginnen, die Illusion von Sicherheit zu erzeugen, indem wir unsere Freiheit einschränken, dann sind wir auf einem ganz gefährlichen Weg, der letztendlich in ein Gefängnis der Angst führt.

Sicherheit durch Überwachung?

Ich stelle mir die Frage, ob wir überhaupt durch Überwachung Sicherheit erreichen können.

Da Sicherheit nur ein Gefühl ist, welches zunimmt, wenn wir mehr Selbstvertrauen haben und unsere Ängste kennen und verstehen, glaube ich nicht, dass Überwachung - insbesondere eine anlass- und zunehmend lückenlose Überwachung - zur Steigerung unserer Sicherheit beitragen kann.

So schreibt es schon Laotse im Tao Te King:

*„Wer jederlei Angst zu durchschauen vermag, wird
immer in Sicherheit sein. "*

Nicht ein mehr an Überwachung oder eine Einschränkung der Freiheit führt zu einem höheren Maß an Sicherheit, sondern lediglich die Auseinandersetzung mit unseren Ängsten verhilft uns zu einem Gefühl von mehr Sicherheit.

Freiheit und Überwachung - Wenn du dich nicht bewegst, spürst du deine Ketten nicht

Ist Freiheit und Überwachung miteinander vereinbar?

Ich glaube nicht, dass der Freiheitsbegriff - zu tun, was ich möchte, ohne jemandem zu schaden und ohne selbst Schaden zu erleiden - mit Überwachung vereinbar sind.

Haben wir nicht - gerade in Deutschland - ausreichend Beispiele in unserer Geschichte erlebt, die uns klar zeigen, dass Überwachung zu Unfreiheit führt. Schlimmer noch, das Bewusstsein, dass wir überwacht werden, führt sogar zu einer Änderung unserer bis dahin freiheitlich gelebten Verhaltensmuster. So zeigt sich, dass Minderheiten unter dem Eindruck von Überwachung eher Schweigen, als ihre freiheitlichen Ansprüche zu äußern[1].

Und ich will auch nicht in einer Welt leben, wie Eric Schmidt sie mit seiner Aussage: „Wenn es etwas gibt, von dem Sie nicht wollen, dass es irgendjemand erfährt, sollten Sie es vielleicht ohnehin nicht tun." heraufbeschwört.

Denn etwas nicht zu tun - auch etwas, von dem niemand erfahren soll - bloß weil ich weiß, dass alles aufgezeichnet und überwacht wird, dies ist das vollkommene Gegenteil von Freiheit.

---

[1] https://boingboing.net/2016/03/29/surveillance-has-reversed-the.html#more-454623

Und wenn wir das nicht mehr haben, was bleibt uns dann noch?

***

TL;DR

- Viele Daten für nichts: Vorratsdatenspeicherung

- Drei Nachrichtendienste und kein einziger Terrorist: NSAGCHQBND

- Gib mir Freiheit oder den Tod: Sicherheit oder Freiheit?

- Ich weiß, was du letzte Nacht getan hast: Freiheit und Überwachung

> *„In our increasingly controlled, targeted, and digitized world, the wooden public bench is a haven of freedom in the middle of the city."*
> *Tom Hodgkinson*

Macht es wie Tom Hodgkinson: Geht raus, setzt euch auf eine Bank, genießt eure Freiheit und lasst euch einfach einmal ganz analog und überwacht treiben.

6.3 Wir überwachen dich – weil wir doch nur dein Bestes wollen!

Nachdem ich in der letzten Woche meine Sichtweise auf staatliche Überwachung dargestellt habe, widme ich mich heute der Überwachung mit kommerziellem Hintergrund.

In diesem Überwachungsspiel geht es unseren Mitspielern nicht um unsere Sicherheit, sondern einzig und allein um unser Bestes - unsere Daten.

In dieser Spielrunde ist es nicht das Ziel, dass wir unsere Daten behalten, oder gar selbst darüber bestimmen, was mit unseren Daten geschieht. Nein, hier geht es darum, wie unsere Mitspieler an so viele unserer Daten wie möglich herankommen - möglichst ohne, dass wir das merken.

Denn auch hier gilt:

"Wissen ist Macht."

Und - um Francis Bacon noch ein wenig mehr zu strapazieren - ich bin der Ansicht, dass "Wissen, welches ich habe, und von dem der Datenlieferant nicht weiß, dass ich es habe, ist sogar noch mehr Macht."

Aber das klingt jetzt nicht ganz so griffig wie die prägnante Formel des britischen Philosophen.

Unternehmen Datenabzug

Was nach einer militärischen Aktion klingt, ist das inzwischen täglich mehrfach praktizierte und gut etablierte anwanzen von kommerziellen Unternehmen, um an unsere Daten zu kommen.

Sei es die einschläfernd langweilige Frage "Haben Sie Payback?" (wobei schon allein die fragwürdige Frageform die schiere Begeisterung der Fragenden zu diesem Thema zum Ausdruck bringt) oder die inflationär eingesetzten "Pflichtfelder" eines Antragsformulars bei der Registrierung zum nächsten sinnlosen Dienstanbieter.

Das Ziel ist überall das gleiche: Sie wollen unsere Daten.

Sie wollen so viele wie möglich - alle, die sie kriegen können.

Sie wollen alle, die wir - mehr oder wenig - freiwillig rausrücken.

Sie nutzen dazu alle Mittel, die ihnen einfallen:

- einschmeicheln

- Wichtigkeit vorgaukeln

- drohen

- betteln

Eines haben diese Mittelchen allerdings gemeinsam:

Sie sind armselig.

Und wie einen Fixer, der uns um seinen nächsten Schuss anbettelt, so sollten wir auf die Anbiederungen der Datenkraken reagieren:

Ablehnen.

Wir sollten Mitleid mit den Datenfixern haben.

Wir sollten ihnen helfen - indem wir ihnen den nächsten Schuss verweigern.

Damit wir schneller finden, was wir gar nicht gesucht haben

Targeted Advertising - klingt für mich ein wenig so, als sei ich jetzt auf der Abschussliste für Gefährder gelandet - ist aber nicht ganz so schlimm (oder schlimmer, denn Targeted Advertising überlebe ich und ruiniere mir dadurch jedoch meine Finanzreserven).

Zielgerichtete Werbung, das ist eines der Dinge, welches kommerz-orientierte Unternehmen mit meinen Daten anfangen wollen.

Sie wollen mich besser kennenlernen, damit sie mir zukünftig die Dinge andrehen können, die ich schon immer nicht haben wollte.

Also ist werbetechnisch eigentlich alles wie bisher auch, nur mit einem Touch mehr "aber wir wissen doch, wie du tickst". Ob die Wirksamkeit dieser Targeted Advertising Idee tatsächlich so hoch ist, wie die Marketing-Abteilungen der diversen Internet-Giganten ihren Kunden und sich selbst glauben machen wollen, ist noch nicht bewiesen.

Ich zumindest habe seitenweise "wissenschaftliche Belege" dafür gefunden, dass es regelrecht die bisherigen Werbeformen - von Plakatwerbung über Radiowerbung bis hin zum klassischen TV-Spot - als eine Obsoleszenz des vorigen Jahrtausends darstellt.

Allerdings frage ich mich dann, warum wir eben diese Werbeformen immer noch überall sehen.

Nein, das wirklich perfide und störende an zielgerichteter, also auf uns vermeintlich zugeschnittener Werbung ist, dass sie den Eindruck vermittelt, uns *persönlich* anzusprechen. Und darauf fahren wir als Menschen halt echt ab.

Dass das Zeug dahinter der gleiche Müll ist, den wir noch nie brauchten - eben wie bei der klassischen Werbung - ist zweitrangig.

Eine weitere Ärgerlichkeit - und hier schlägt mir die Handlungsweise dieser Datensammelterroristen so richtig auf mein privatsphären-affines Gemüt - ist die Tatsache, dass ich durch diese verdammte Targeted Advertising-Rotze überall mittels Tracking verfolgt werde, damit ich eben noch besser *persönlich* angesprochen werden kann.

Denn wenn die Datenhorter noch mehr darüber wissen, wo ich mich rumtreibe, dann können sie noch besser den Eindruck von *persönlich* auf mich zugeschnittener Werbung vermitteln.

Wenn du aus diesem Fenster gesprungen bist, ...

dann legst du dich auch hinter diesen Zug.

Ungefähr so sinnvoll sind die "Empfehlungen", mit denen uns Amazon und ähnlich anbiedernde Händler zum Einkauf noch einer dritten Waschmaschine bringen wollen.

Wo bitte liegt denn der Sinn, mir dann, wenn ich gerade eine Waschmaschine gekauft habe, noch fünf andere Waschmaschinen anzubieten?

Dieses Beispiel aus dem wa(h)ren Leben (ok, es war ein Kühlschrank und keine Waschmaschine) zeigt, wie sinnlos das Empfehlungsverfahren aufgrund von Tracking überhaupt ist.

Eine moderne Waschmaschine (und hier bringe ich wieder das bereits verwendete, wundervolle Wort Obsoleszenz ins Spiel) hat eine Lebenserwartung von rund zehn Jahren.

Warum um Himmels Willen, will man mir, kurz nachdem ich meine Waschmaschine gekauft habe, gleich noch eine andrehen?

Das ist vollkommen hirnrissig und lässt mich rat- aber nicht hilflos dastehen.

1. Damit man mir keine blöden Vorschläge aufgrund meiner bisherigen Suchen machen kann, lösche ich jedes mal die Cookies in meinem Browser.

2. Ich gehe ich ein lokales Fachgeschäft meines Vertrauens, lasse mich kompetent beraten und kaufe meine Waschmaschine dort.

Don Johnston gefällt rosa Briefpapier

Vielleicht willst auch du eine rosa Schreibmaschine kaufen.

In welcher Welt leben die Online-Händler überhaupt, wenn sie davon ausgehen, dass ich mich für ein Produkt entscheide, bloß weil der eine (oder auch 10.345 andere *virtuelle*) Kunden ein ähnliches Produkt gekauft haben?

Aus den von uns gesammelten Daten werden vollkommen sinnlose und realitätsferne Schlüsse gezogen, die dennoch als Anlass genommen werden, uns zu einem weiteren unnötigen Kauf zu überreden.

Ich will das nicht.

Ich bin so viel Individuum, dass ich möglichst nicht hören will, dass irgendjemand einen ähnlichen Geschmack hat wie ich.

Das ist doch total bäh!

Genug gemotzt, tun wir etwas dagegen.

In diesem Fall lautet meine Empfehlung:

Legt keine Konten bei Online-Händlern an.

Wenn keine Konto-Historie von dir vorliegt, kann auch kein Profil daraus gebildet werden.

Ist kein Profil verfügbar, kann dieses auch nicht mit verschwurbelten Pseudo-Korrelationen mit anderen Profilen verbunden werden :)

Wehrt euch!

Jetzt habe ich noch eine kleine Nachreichung zum letztwöchigen Thema staatliche Überwachung.

Kauft euch noch schnell Prepaid-SIM-Karten für eure lieb gewonnenen Smartphones. Denn laut einem geplanten neuen Anti-Terror-Gesetz unserer Bundesregierung, welches am kommenden Mittwoch, den 25. Mai im Schnellverfahren durch den Bundestag gepeitscht werden soll, soll das anonyme Kaufen einer Prepaid-Karte verboten werden [1]. Ein Hoch auf staatliche Überwachung!

Alles natürlich für den Terror!

Also, gegen den Terror und gegen uns natürlich.

Also für unsere Bequemlichkeit. Also, damit wir nicht allzu viel selbst denken müssen.

Wisst schon!

∗∗∗

TL;DR

---

[1] https://netzpolitik.org/2016/neues-anti-terror-paket-bundesregierung-will-identifikationspflicht-fuer-prepaid-mobilfunk-im-eiltempo-beschliessen/

- Operation Datenschnorchel: Mission Datenabzug

- Ich weiß, was du willst: Damit wir schneller kaufen, was wir niemals wollten

- Buy this, they say: Wenn du aus diesem Fenster springst...

- Rosa Briefpapier sucht alte Schreibmaschine: Don Johnston gefällt...

- Wehrt euch: Kauft Prepaid-SIM-Karten

Ach so ... und nicht die Prepaid-Karte auf eure Adresse und eure übliche E-Mail Adresse anmelden!

Wisst schon: kreative Datensparsamkeit und so ;)

6.4 Wir überwachen uns – weil wir die Mittel dazu haben!

Heute spreche ich über einen weiteren Überwacher unserer Daten: Wir uns gegenseitig und auch selbst.

Möglicherweise sind wir uns an dieser Stelle selbst der größte Feind. Frei nach Thomas Hobbes

"Homo homini lupus."

ist der Mensch nicht des Menschen Wolf aber doch sein bester Überwacher.

Was uns als Überwacher meiner Ansicht nach gefährlicher macht als Geheimdienste und kommerziell orientierte Unternehmen, ist die Ziellosigkeit mit der wir selbst Überwachung betreiben.

Wir selbst überwachen aus so vielen unterschiedlichen Gründen heraus:

- reine Neugier, was "meine Freunde" so treiben

- Kontrollsucht, weil ich wissen will, was mein Partner, Hund, Katze, Maus wann und wo denn gerade macht

- Angst (ein ganz schlechter Ratgeber!), weil ich doch wissen will, welche dunklen Gestalten sich um mich herumtreiben

- Selbstverbesserung durch Selbstvermessung

Da wo die anderen Überwachungsspielpartner ein dediziertes Ziel haben, sind es bei uns gleich mehrere Hände voll.

Und dafür bekommen wir auch mehrere Überwachungswerkzeuge in die Hand gelegt, um unsere Neugier/Angst/Kontrollsucht zu bedienen.

Denn eines ist mir ganz klar:

Was wir niemals mit unserem Überwachungsirrsinn besänftigen können ist unsere Neugier, Angst und Kontrollsucht. Diese werden dadurch nur stärker werden.

Freiwillig gegeben - unfreiwillig gefunden

Was wir hier mit unseren Daten geschieht, die wir bei Facebook abgeben und die später - mit geringem Aufwand - wieder von vielen gefunden werden können, klingt für mich ein wenig wie bei Harry Potter:

"Flesh - of the servant - willingly given..."
"Blood of the enemy...forcibly taken..."

Unsere Daten, die wir freiwillig hergeben, können uns - dank Graph Search - gewaltsam genommen werden.

Klingt martialisch, ist aber möglicherweise in der Auswirkung ähnlich drastisch. Denn Daten, die wir bei Facebook abgeben, können durch geschickte Suchen mit der facebook-eigenen Such-funktion "Graph Search" leicht gefunden werden - selbst wenn wir diese Daten als privat wähnten.

Ein kleiner Test, den Zeit Online[1] durchgeführt hat, fördert zutage, was eigentlich hätte verborgen bleiben sollen: Altlasten tauchen auf, es ergibt sich ein umfassenderes Bild über uns, welches wir möglicherweise gar nicht abgeben wollten. Auch die Electronic Frontier Foundation[2] weist auf die datenschutzrechtlich bedenklich Situation der Graph Search hin. Durch die Graph Search lassen sich leicht Daten von unterschiedlichen Nutzerprofilen korrelieren

---

[1] http://www.zeit.de/digital/datenschutz/2013-07/facebook-graph-search-selbsttest
[2] https://www.eff.org/deeplinks/2013/01/facebooks-graph-search

und dadurch einen großen Einblick in das digitale Leben der auf diese Weise überwachten "Freunde" gewinnen.

Hilfreich an dieser Stelle sind lediglich zwei Dinge:

- Die Privatsphäreneinstellungen bei Facebook so rigoros wie nur möglich setzen - damit hat der geneigte Nutzer zumindest bis zur nächsten Anpassung der Einstellungen durch Facebook wieder mehr Ruhe.

- Datensparsam sein: Was ich nicht hergebe das kann nicht gefunden werden.

Ich weiß, wann du online warst

Eine weitere perfide Möglichkeit der umfassenden Überwachung haben Kurznachrichtendienste wie der Facebook Messenger, WhatsApp oder auch Snapchat eingerichtet: Lesebestätigungen.

Hier hat der überwachungswillige Nutzer die Möglichkeit, genau zu verfolgen ob - und auch wann - eine Nachricht gelesen wurde.

Eine zweifelhafte Funktionalität wie ich finde.

Natürlich können solche Funktionen ausgeschaltet werden (bei einigen Anbietern zumindest), aber finden alle Nutzer diese Möglichkeit - oder noch schlimmer: Sind sich überhaupt alle Nutzer bewußt darüber, dass sie auf diese Art und Weise überwacht werden?

Und warum ist so eine orwellsche Überwachungsfunktion überhaupt als Standard aktiv?

Sicher finden die Kurznachrichtendienstanbieter dafür salbungsvolle Begründungen - mich jedoch können diese nicht davon überzeugen, mich durch so eine Möglichkeit überwachen zu lassen.

Dorftratsch digital - Nextdoor

Nextdoor ist das Facebook für die direkte Nachbarschaft - so die Idee, kurz und bündig.

Die Idee, sich virtuell in der Nachbarschaft auszutauschen ist so naheliegend wie auch - in meinen Augen - nutzlos.

Denn warum um Himmels Willen sollte ich mich mit meinen Nachbarn virtuell austauschen, wenn meine Nachbarn doch um die Ecke oder direkt nebenan wohnen?

Wieso sollte ich online in meine Nextdoor-Gemeinschaft eine Anfrage an eine Bohrmaschine stellen, wenn ich doch bei meinem handwerklich begabten Nachbarn zwei Häuser weiter einfach persönlich nachfragen kann?

Damit ich meine Hingebung an mein Nachbarschaftsnetzwerk für alle Ewigkeit digital nachvollziehbar dokumentieren kann?

Damit ich digitalen Präsentismus auch in meinem privaten Nachbarschaftsnetzwerk ausleben kann?

Damit ich mich als "guter Nachbar" etablieren kann?

Ich weiß nicht, was Menschen dazu treibt; allerdings ist mir klar, wozu solche virtuellen Nachbarschaftsnetzwerke verkommen können: Hetzplattformen für Bürgerwehren oder Foren für paranoiden Rassismus[1].

Da bleibe ich doch lieber bei dem altbewährten Tratsch mit den Nachbarn an der Haustür.

Ich seh dein Gesicht - ich weiß, wer du bist

Die nächste Stufe der bürgerbewehrten Überwachung sind Tools wie Findface oder Facewatch.

Mit beiden Tools lassen sich Gesichter Nutzerprofilen in sozialen Netzwerken zuordnen.

Die russische Gesichtserkennungsanwendung hat mit einer Erkennungsrate von bis zu 70% den Weg zur Abschaffung der Anonymität in der Öffentlichkeit geebnet[2].

Das britische Pendant Facewatch id[3] nimmt zwar einen anderen Weg - wir werden alle zu Informanten, um zwielichtige Elemente

---

[1] http://fusion.net/story/106341/nextdoor-the-social-network-for-neighbors-is-becoming-a-home-for-racial-profiling/

[2] https://www.theguardian.com/technology/2016/may/17/findface-face-recognition-app-end-public-anonymity-vkontakte

[3] https://netzpolitik.org/2012/facewatch-id-grosbritannien-startet-denunziation-app/

zu entlarven - als die russischen Kollegen, aber dort werden mit einer Schnittstelle an Geräte zur Gesichtserkennung ähnliche Albträume orwellschen Ausmaßes möglich.

Allerdings gibt es zum Glück noch einfache und wirksame Maßnahmen, um der De-Anonymisierung durch Werkzeuge wie Findface zu entgehen:

Der Kapuzenpullover wird quasi zum Aluhut des anonymität-liebenden freien Menschen.

Die Sonnenbrille zu Zorros Maske der Freiheit.

Wie groß die Sorge um unsere Anonymität ist, wird mir klar, wenn selbst Schlangenöl-Lieferanten das Thema Zerstörung der Anonymität in ihren Blogs[1] behandeln.

Selbstvermessen

Aber noch ist die Fahnenstange der gutbürgerlichen Überwachung nicht erreicht. Wir können schließlich noch uns selbst überwachen, wenn sonst niemand zum Überwachen mehr da ist!

Die zunehmende Verbreitung der digitalen Leistungsoptimierer, die virtuellen Sklaventreiber in Form von Fitness-Armbändern und Körperdatensammelnden "Smart"-Watches überwachen ihre Träger in noch viel verräterischer Weise. Nicht nur machen wir uns

---

[1] https://blog.kaspersky.de/findface-experiment/7505/

zu Sklaven elektronischer Wichtigtuer, sondern wir verlernen auch, auf unseren Körper zu hören.

Ich weiß schon selbst, wann ich an meine Leistungsgrenzen herangehe (oder auch darüber hinaus) - dazu brauche ich kein Armband, das mich maßregelt, wenn ich es übertreibe (oder mich antreibt, wenn ich es einmal gemächlicher angehen lasse).

Schlimmer noch, wir verschleudern diese gesammelten Daten auch in eine ungewisse Datenzukunft. Nur allzugern werden die von uns mühsam erschwitzten Daten von Krankenkassen und sonstigen Versicherern gehortet, ausgewertet - und auch verkauft. Denn sicher sind die Daten bei den (meist) in den USA oder Asien beheimateten Anbietern dieser Fitness-Folterer keinesfalls aufgehoben.

Und selbst wenn unsere Krankenkasse uns jetzt noch einen Bonus für die Teilnahme an diesem virtuellen Gesundheitsprogramm anbietet ...

... was geschieht, wenn wir dauerhaft unter den so mühsam erlaufenen oder erradelten Gesundheitswert fallen?

Wie sehr wird unser Krankenkassenbeitrag steigen, wenn unser Gesundheitsindex fällt?

***

TL;DR

- Social Graph: Gesucht, was nicht gefunden werden sollte

- Lesebestätigung: Ich weiß, wann du online warst

- Findface/Facewatch: Face/Off für weniger Anonymität

- Watch yourself: Selbstvermessung bis zum Daten-Infarkt

Und jetzt? Hört auf, euch um die Belanglosigkeiten der anderen zu kümmern. Bleibt analog und lebt entspannter.

7. Soziale Netzwerke

7.1 Warum posten eigentlich alle?

Heute starte ich mit meinem nächsten Themen-Block *soziale Netzwerke*.

Als Einstieg beschäftige ich mich deshalb mit der Frage, die mir ständig durch die Gehirnwindungen geistert, wenn ich wieder so einen smartphone-schwingenden Datenterroristen sehe. Entweder wenn dieser sein Kind fotografiert und das Bild zu Facebook hochlädt (und damit auch gleichzeitig die Privatsphäre seines Sprösslings mit Füßen tritt und obendrein dessen Karriere als zukünftiger Lohnsklave verhindert) oder auch wenn er selbst einen weiteren geistlosen Kommentar zur aktuellen Wetterlage in Castrop-Rauxel in den ewigen digitalen Datenarchiven hinterlässt.

"Warum posten eigentlich alle?"

Ich muss einen Beitrag leisten

Meine erste Vermutung, warum dieser nahezu unstillbare Drang zur digitalen Inkontinenz besteht, ist die unterschwellige Aufforderung von Social Media, dass wir ja alle einen Beitrag leisten *müssen*, damit Social Media funktioniert und nicht plötzlich in völliger Bedeutungslosigkeit verpufft.

Liebe Leute, glaubt ihr wirklich alle, dass eure Belanglosigkeiten, die ihr so freigiebig in die virtuelle Welt postet auch nur einen Otter vor dem Hungertod oder einen Ureinwohner am Amazon vor dem nächsten illegal hochgezimmerten Staudamm bewahrt?

Was hilft mir dabei, um festzustellen, ob ich etwas posten sollte?

Drei einfache Fragen:

- Für wen ist es hilfreich? - Ist es freundlich?

- Ist es gut?

Und wenn bei diesen Fragen die Antworten "ja" lauten - und bei der ersten Frage die Antwort mehr als "für mich und <Datenkrake deiner Wahl>" lautet - dann zähl erst mal mit angehaltener Luft langsam bis zehn.

Wenn du jetzt immer noch der Ansicht bist, dass du einen wertvollen Beitrag zur Rettung des nordsibirischen Otters oder der Kultur der indigenen Völker im Amazonas-Regenwald beizutragen hast, dann poste deinen Beitrag.

Sei dir jedoch immer bewusst, dass dein Beitrag zu einem ungleich höheren Teil den Datenkraken zu Gute kommt (einfach weil diese dadurch wieder einige weitere Datenpunkte für dein Profil bekommen) als deinem "Freundes"-Kreis.

Ich muss unsterblich werden

Falls du nach digitaler Unsterblichkeit strebst, dann poste einfach weiter, bis dein Datentarif explodiert. Tatsächlich machst du dich mit dem Posten digital unsterblich, denn derzeit bleibt wirklich alles gespeichert, was wir in der unendlichen digitalen Müllhalde hinterlassen.

Und dank der ständig effizienter werdenden Korrelationsmöglichkeiten der Datenkraken werden diese Dinge auch immer wieder gefunden werden und mit uns in Zusammenhang gebracht.

Und wieso überhaupt Digitalisierung zur Erreichung der Unsterblichkeit nutzen?

Ich halte es für weit schöner, hilfreicher und zielführender die eigene Unsterblichkeit durch etwas zu erreichen, das man wirklich der Welt hinterlässt und nicht nur den Datenkraken als digitale Fußspuren.

Quantität ist auch bei dem Ansinnen nach Unsterblichkeit der Feind der Qualität. Bloß weil ich mit jedem Meter, den ich mit meinem Fitness-Tracker aufgezeichnet und in die Cloud geladen habe einen digitalen Fußabdruck hinterlassen habe, heißt es nicht, dass mich dieser bis in alle Ewigkeit aufgezeichnete Weg meiner Unsterblichkeit näher bringt.

Weil es doch alle tun

Jemine, was ist das denn für ein Argument?

Weil es alle tun? Weil alle was tun? Wer sind alle?

Diese Begründung ist nur eine unzulässige und langweilige Verallgemeinerung.

Ich tue nichts, weil alle dies tun - schon gar nicht, wenn es für mich bedeutet, datentechnisch die Hosen runterzulassen und mein Innerstes nach außen zu kehren.

Wir werden keine bessere Gesellschaft wenn alle alles über alle wissen.

Geheimnisse zu haben und zu behalten, einen geschützten Raum - meine Privatsphäre - den ich nur für mich habe und mit niemandem teile, das ist nicht nur wahrer Luxus, nein das ist eine Notwendigkeit unseres Lebens als soziales Wesen.

Gerade die Tatsache, dass ich mich abgrenze von meinen Mitmenschen, macht mich mehr zu einem aktiven Mitglied der Gesellschaft.

Wenn alle alles über alle wissen, dann haben wir nur noch einen undifferenzierten Brei.

Und aus diesem undifferenzierten Brei kann nichts entstehen.

Aus der Differenz zwischen mir aus meiner Privatsphäre und der daraus erwachsenden Interaktion mit den Menschen um mich herum entsteht wirkliches Leben.

135

Was tue ich stattdessen?

Wie bei den Ansätzen aus dem Minimalismus-Bereich, wo es darum geht mit möglichst wenigen Besitztümern glücklicher zu leben, halte ich auch einen Daten-Minimalismus für einen wundervollen, leichten und nachhaltigen Weg um dem Drang, alles zu posten zu entgehen.

Ich habe festgestellt, was für ein befreiendes Erlebnis es ist, alte Daten zu löschen oder einen Online-zu Account löschen, ein soziales Netzwerk zu verlassen.

Mir ist klar, dass viele Nutzer sozialer Netzwerke die Angst quält, dass sie den Kontakt zu ihren „Freunden", zur Gesellschaft verlieren, wenn sie einem sozialen Netzwerk den Rücken kehren. Aber keine Furcht, treue Leser, das Gegenteil ist der Fall!

Die Kontakte zu den wirklichen Freunden vertiefen sich, der Austausch mit meinen Mitmenschen wird besser und direkter.

Es fallen sicherlich quantitativ „Freunde" weg, doch auch an dieser Stelle wiederhole ich: Quantität ist der Feind der Qualität!

Ein Mensch kann sowieso nur knapp über 100 Kontakte als einzelne Menschen differenzieren. Er schafft es generell, nur mit ein Paar Dutzend Menschen näheren Austausch zu pflegen und lediglich eine Handvoll echte Freunde sind ideal für ein glückliches und erfülltes Leben.

Und davon ausgehend meine Empfehlung:

Triff dich mit deinen Bekannten und Freunden! Triff dich im wirklichen Leben, nutze keinen Chat dazu. Trinke, tanze und lebe mit diesen wirklichen Begleitern in deinem Leben. Teile dein Leben mit Menschen - nicht deine Daten!

Und wenn du deine Gedanken der Welt mitteilen willst?

Schreib ein Buch! Behalte die Souveränität über deine Daten und teile deine Ideen der Welt mit, anstatt nur deine Daten an irgendeine Datenkrake zu verschleudern.

Es ist mittlerweile so einfach, das eigene Buch zu veröffentlichen - dazu muss ich nicht an einen Verlag gebunden sein.

Ich kann es als Selfpublisher selbst herausgeben. Eine wundervolle Unterstützung finde ich dabei bei bookmundo [http://www.bookmundo.de/]. Hier werde ich als Autor unterstützt und begleitet bis zum fertigen Buch. Und das Wundervolle dabei ist: Meine Daten bleiben bei mir - dort wo sie hingehören.

***

TL;DR

- stell dich beitragsfrei: Ich muss keinen Beitrag leisten

- My undying data: Unsterblichkeit auch ohne digitale Datenspuren

- Geh deinen eigenen Weg: Tue es nicht, weil alle es tun

- Was bleibt mir sonst: Empfehlungen für ein datensouveränes Leben

Und jetzt?

Greife zum Telefonhörer und ruf den ersten Menschen an, der dir einfällt - das ist wirkliches soziales Netzwerken!

7.2 Was mach ich mit meiner Privatsphäre bei Facebook?

Die Frage klingt ein wenig schillernd: "Was willst du mit den Daten? sprich!"

Nun, auf Seiten von Facebook ist diese Frage schnell und klar beantwortet:

"Damit ich dir mehr relevante und personalisierte Werbung aufdrücken kann!"

Das allerdings klingt jetzt ein wenig nach dem bösen Wolf aus Rotkäppchen. Aber immerhin trifft das ja auch ganz gut zu. Denn der Unternehmenszweck, den Facebook verfolgt, liegt nun einmal in der Steigerung der Werbeeinnahmen durch möglichst geschickt platzierte Werbeflächen.

Aber worum geht es denn den Datenlieferanten, den Mitgliedern bei Facebook, wenn sie bereitwillig ihre persönlichsten Momente und sonstige Daten an Facebook abgeben?

Ich will mich heute nicht in Vermutungen ergehen, aus welchem Grund Menschen ihre Daten bei Facebook preisgeben. Vermutlich finden wir bei den 1,65 Milliarden Mitgliedern 4,38 Milliarden unterschiedliche Gründe dafür.

Was ich hier jedoch vorstellen will, sind Risiken, denen sich diese 1,65 Milliarden Mitglieder beim Veröffentlichen ihrer Daten auf Facebook aussetzen.

Mach dir (d)ein Bild - Gefahren durch Selfies und sonstige Fotos Selfies (und alle weiteren analog benannten Abarten davon) bieten durch ihre automatisch erzeugten und hochgeladenen Metadaten hervorragende Möglichkeiten, um weitere Informationen über das hochladende Mitglied zu erhalten.

Uhrzeit und Geokoordinaten sind dabei meiner Ansicht nach noch die augenfälligsten Metadaten, die dem unachtsamen Nutzer dabei die Privatsphäre zerhageln können:

Blöd zum Beispiel, wenn hier aus dem vermeintlichen Krankenstand ein Foto vom Strandausflug gepostet wird, natürlich mit genauem Zeitstempel.

Geodaten - ich bin nicht daheim, liebe Einbrecher

Ein ganz besonders unvorsichtiges Vorgehen beim Hochladen von Fotos - oder direkt noch besser in der Funktion, seinen aktuellen Aufenthaltsort auf Facebook bekannt zu machen, ist das Missachten oder Ignorieren von Geodaten.

Was schon als Metadaten in Fotos verräterisch ist, zeigt sich in der Verwendung der Möglichkeit, seinen aktuellen Standort zu posten als noch kritischer. Wenn ich angebe, dass ich gerade für einen zweiwöchigen Urlaub auf den Seychellen gelandet bin, braucht es keinen Raketenwissenschaftler, um daraus zu schließen, dass ich die nächsten zwei Wochen nicht in meinem Haus in Oer-Erkenschwick bin.

Ergo: Freie Bahn für versierte (Daten)-Diebe.

Profilneurose: Personenbezogene Daten

Das ganze Gejammer von Facebook, der öffentlichkeitsliebende Nutzer möge doch noch seinen Wohnort, Lieblingsverein und seine persönlichen musikalischen Top Ten angeben, dient lediglich dazu, einen besseren konsumwirksamen Hebel ansetzen zu können, um diesem Nutzer noch mehr nutzlose Dinge zu verkaufen, die er schon immer nicht haben wollte. Kurz gesagt, es ist lediglich eine Marketingstrategie, welche die aktuelle Fokussierung auf die Möglichkeiten von Big Data im Zusammenhang mit sozialen Medien ausnutzt. Das ist nichts Innovatives, das ist lediglich die konsequente Fortsetzung der marktwirtschaftlichen

Prämisse des kontinuierlichen Wachstums - übertragen auf den Bereich der sozialen Medien.

Filterblase: Ich weiß besser, was du suchst

Auch der Bereich der profilbasierten Vorselektion der für mich "relevanten" Inhalte ist nur ein weiterer Versuch, mich zu mehr Konsum zu bewegen. Da die Filterblase, in welcher ein Facebook-Nutzer schwebt, direkt mit dem von ihm erstellten Profil zusammenhängt, ist es an dieser Stelle auch keine Rocket Science, dass auch diese Ausprägung von Manipulation auf den gesteuerten Konsum des Nutzers abzielt.

Leider führt dieses System der Filterblase auch dazu, dass der Nutzer in seinen Interessen immer eindimensionaler und langweiliger wird.

Aber das ist auch das Ziel von Facebook: Eindimensionale und langweilige Nutzer sind besser zu manipulieren.

Mir fällt an dieser Stelle wieder Adolph Freiherr Knigge ein:

> *„Sei nie ganz müßig! Lerne dich selbst nicht zu sehr auswendig, sondern sammle aus Büchern und Menschen neue Ideen. Man glaubt es gar nicht, welch ein eintöniges Wesen man wird, wenn man sich immer in dem Zirkel der eigenen Lieblingsbegriffe herumdreht, und wie man dann alles wegwirft, was nicht unser Siegel an der Stirne trägt."*

Mit der Filterblase, in die Facebook seine Nutzer durch die immer detailliertere Abfrage von Begriffen, die einen Nutzer (aus Sicht von Facebook) ausmachen, will Facebook eine erfolgreichere Platzierung "relevanter" Werbebotschaften erreichen.

Manipulation: Wir wollen, dass du bist, wie wir dich wollen

Ziel der bereits angesprochenen Punkte Erzeugung eines Profils und Erstellung einer Filterblase passend zu diesem Profil ist die Manipulation des Facebook-Nutzers. Dabei steht letzten Endes der Verkauf von Werbeplätzen und Nutzerdaten. Facebook ist - und bleibt ;) - laut eigener Aussage kostenlos. Nun, da ist "kostenlos" halt ein dehnbarer Begriff. Dienste müssen nicht unbedingt offensichtlich Geld in bekannter Währung kosten. Moderne Dienste, und da sind sich die Denker und Kritiker der Digitalisierung unseres Lebens einig, kosten unsere Daten und unsere Aufmerksamkeit, wenn sie nicht ganz transparent unser Geld als Gegenleistung fordern.

Und eine weitere Aussage von Jaron Lanier zu diesem Thema untermauert dies sehr schön:

> *"Du bist nicht der Kunde der Internetkonzerne. Du bist ihr Produkt."*

Denn als Kunde würdest du ganz transparent deine gebuchte Dienstleistung bezahlen. Als Produkt wirst du nur als Datenlieferant ausgebeutet (hier passt auch ganz schön der Begriff vom Data-Mining).

Drum prüfe, wer sich ewig öffnet

Dir, lieber Facebook-Nutzer, sollte unbedingt einiges über deine Tätigkeiten bei Facebook klar sein:

- dir gehört nichts mehr, was du hier hochlädst

- du wirst auf Klick und Tipp getrackt, überwacht und manipuliert

- du findest keine objektiven Informationen, es ist alles bereits für dein Profil vorselektiert

- Facebook wird dich nicht ziehen lassen: Deine Kontakte, deine Inhalte kannst du nicht (ohne größere Anstrengung) mitnehmen

- du wirst per Standardeinstellung durchleuchtet: Willst du etwas nur eingeschränkt mitteilen, musst du dich durch viele, sich ständig ändernde und immer komplizierter werdende Einstellungen kämpfen

Was kann ich tun?

Nicht resignieren! Das ist mein erster Rat.

Wenn du Facebook nutzt, um dich zu informieren oder auszutauschen - tu es. Aber sei dir gewahr, dass du überwacht, manipuliert und bedrängt wirst, beständig mehr über dich preiszugeben.

Für mich ist das nichts. Für mich ist dies das krasse Gegenteil von Souveränität über meine Daten.

Ich freue mich jedoch, wenn ich dir schon einen Einblick in das Vorgehen von Facebook geben konnte.

Meine Empfehlungen, wenn du Facebook weiter nutzen willst:

- sei datensparsam: gib möglichst wenig Daten über dich preis.

- sei kreativ: nutze deine Fantasie um das über dich erzeugte Profil zu verwirren. Wie wäre es einmal mit einem anderen Geschlecht? Oder einem regelmäßig wechselnden Geburtstag?

- sei wachsam: schnüre die Privatsphären-Einstellungen so stramm wie möglich - und bleibe am Ball, das Einzige was Bestand hat, ist der Wandel!

***

TL;DR

- Fotos rauben Seelen - oder zumindest Daten

- Hier bin ich! - Geodaten verraten mehr als tausend Bilder

- Meine Daten für euch: Wie ich mich selbst verkaufe

- Wir sagen dir, was du willst: Gefangen in der Filterblase

- Wir wissen, was du willst: Manipulation

- Daten bleiben für immer: was ich poste bleibt ewig bestehen

- Was kann ich tun: Drei Tipps für einen gesunden Umgang mit Facebook

Aber besser noch: Raus aus dem digitalen Sumpf - zurück zur Hoheit über die eigenen Daten!

7.3 Was mache ich mit meiner Privatsphäre bei Twitter?

Bevor ich mir heute einige Gedanken zur Privatsphäre bei Twitter mache, verewige ich hier zunächst noch einige Worte zur 5. No-Spy Konferenz in Stuttgart.

Die No-Spy war mein erstes Barcamp.

Naja, es war ja gar kein "richtiges" Barcamp - so behaupten auf jeden Fall Hardcore-Barcamper, denn einige Vorträge waren bereits vorab geplant.

Naja, dazu fällt mir eigentlich nur Matsuo Basho ein:

"Lerne die Regeln sorgfältig, und dann - vergiss sie."

Auf jeden Fall war es ein ganz hervorragende Konferenz, die mir wieder neue Ideen gegeben hat, bereits Bekanntes weiter verinnerlicht, einiges aufgerüttelt und mich generell auf meinem Weg bestärkt hat.

An dieser Stelle auch nochmals meinen Dank an alle denen ich zuhören durfte, konnte, wollte und auch Dank an alle, die mir zugehört haben :)

Und sowieso Danke für alle Gespräche, in die ich involviert war.

Aber ich will mir ja heute einmal Gedanken über Twitter und Privatsphäre machen.

Wie geht das zusammen?

Geht das überhaupt zusammen?

Worüber muss ich mir im Klaren sein, wenn ich Twitter nutze?

Pseudonym ist Recht hier!

Twitter lässt - und das möchte ich hier wirklich lobend erwähnen - die Verwendung eines Pseudonyms zu.

Im Gegensatz zu Facebook, welches mit seinem Klarnamenzwang gegen das Telemediengesetz[1] verstößt. Denn hier heißt es in §13, Absatz 6:

> *"Der Diensteanbieter hat die Nutzung von Telemedien und ihre Bezahlung anonym oder unter Pseudonym zu ermöglichen, soweit dies technisch möglich und zumutbar ist. Der Nutzer ist über diese Möglichkeit zu informieren."*

---

[1] https://www.gesetze-im-internet.de/tmg/__13.html

Zu dieser Überzeugung[1] kommt auch Johannes Casper, der Hamburger Datenschutzbeauftragte.

Aber ich bin abgeschweift. Ich wollte ja kein Facebook-Bashing betreiben, sondern Twitter als an dieser Stelle vorbildlich hervorheben.

Vor allem sehe ich auch gar keinen Grund, die Möglichkeit zur Verwendung von Pseudonymen zu unterbinden. Denn die Schwachmaten, die ihre Hate-Speech ins Netz jammern, bekommen wir ja dank Vorratsdatenspeicherung eh raus.

Weil pseudonym heißt nicht anonym :)

Du bist, wem du folgst: Profilbildung durch Following

Neben der Nachverfolgbarkeit aufgrund von IP-Adressen-Zuordnung bietet Twitter auch noch viel geschicktere Möglichkeiten der Identifikation seiner Nutzer.

Liebe Twitter-Nutzer, bitte denkt nicht, bloß weil ihr hier mit einem Pseudonym unterwegs seid, seid ihr anonym unterwegs.

Nein, grundsätzlich könnt ihr - und aktuell aufgrund der im letzten Jahr beschlossenen "Einführung einer Speicherpflicht und Höchstspeicherfrist für Verkehrsdaten" für 10 Wochen - anhand eurer IP-

---

[1] http://www.faz.net/aktuell/feuilleton/medien/datenschuetzer-johannes-caspar-zur-facebook-klarnamenpflicht-13725785.html

Adresse ermittelt werden. Aber es geht noch viel besser und einfacher, ein Bild über euch zu erhalten.

Allein aufgrund der Twitter-Accounts, denen ihr folgt, kann ein ganz klares Profil von euch erstellt werden.

Dieses Profil kann jetzt auch mehrfach eingesetzt werden:

- es gibt ein klares Bild über eure politische Entscheidung ab:

Wenn ihr größtenteils links-radikalen Hetzgruppen folgt, dann werdet ihr eher nicht der Volksfront von Judäa zugerechnet.

Folgt ihr jedoch eher den militanten Treehuggern, so werdet ihr wohl auch eher als der Judäischen Volksfront anhängig betrachtet.

- kommerziell ist dieses Profil jedoch auch spannend:

Folgt ihr nur Nestlé, Proctor&Gamble und ähnlichem Schmutz, so bekommt ihr höchstens Hass-Tweets von Greenpeace und Sea Shepherd.

Wenn ihr jedoch nur den Pandabären von WWF und eurer lokalen Demeter-Tanzgruppe folgt, seid ihr wohl ziemlich sicher davor, von Air America und Pepsi-Carola gepestet zu werden.

Deswegen: Drum prüfe, wem ich ewig folge - es könnte auf mich zurückfallen - ziemlich blöd.

Twitter als Informationskanal

Für mich stellt sich Twitter sowieso am besten in seiner Funktion als schneller Kanal zur Informationsgewinnung dar.

Einige Hersteller, sowohl von Hard- als auch von Software, sind dazu übergegangen, Informationen ausschließlich über Twitter zu verbreiten. Mir als Schellackplatten-Schubser ist das ein bissel suspekt, aber ich kann es akzeptieren.

Es ist halt sehr praktisch, um auf die Schnelle kurze Informationen unter das mir folgende Volk zu bringen.

Die rigide 140-Zeichen-Reglementierung zwingt mich auch dazu, mich sehr kurz zu halten. Dies hat den Vorteil, dass an dieser Stelle nicht die Gefahr besteht, ins Schwafeln zu geraten.

Nein, 140 Zeichen und dann ist Schluss. Kurz - und hoffentlich gut.

Was ich bei der schnellen Info über eine Produktneuheit auch tatsächlich zu schätzen weiß.

Wenn man nichts zu sagen hat...

...einfach mal die Klappe halten.

Das sind natürlich schon die höheren Weihen der Twitter-Nutzung.

Die kurze und schnelle Frequenz der Tweets bei Twitter verleiten auch ganz schnell dazu, dass man in den Zwitscher-Irrsinn verfällt und seinen noch so seichten Senf zu jedem hereingeschneiten Tweet abgeben muss.

Nein, das muss man nicht.

Twitter kann auch lehren, einfach einmal zu schweigen.

Auch in 140 Zeichen geht das.

Jens' Practices

- nutze ein Pseudonym - Twitter erlaubt es sogar explizit!

- Verknüpfe deinen Klarnamen nicht mit dem Pseudonym - sonst bringt das ganze gar nichts! Nutze einen eigenen E-Mail Account für deine Twitter-Aktivitäten. Häng nicht deine Handynummer mit in die Sache rein - sonst wird dein Profil ein ganz Klares sein :)

- setze ein gutes Passwort ein: es muss ein Eigenes sein, ein langes und gutes - lies noch mal nach.

- es wird ein Profil über dich erzeugt, versuche, so objektiv wie möglich zu sein. Twitter versucht natürlich auch, eine Filterblase um dich herum aufzubauen. Wenn du dies weißt, kannst du entsprechend damit umgehen.

- nutze Twitter gezielt zur Informationssuche - es ist schnell, es ist aktuell - und gerade deswegen bestimmt nicht umfassend und objektiv :)

Wenn du dich intensiv mit einem Thema beschäftigen willst, ist Twitter der falsche Kanal dafür.

- Schweigen ist mehr wert als goldgepresstes Latinum: Nicht jeden Tweet, den du liest, musst du kommentieren.

***

TL;DR

- No-Spy: Aluhut-Dichtenmessung

- Pseudopoden und Antonyme: Pseudonym ist hier Recht!

- Profiler sind hinter dir her: Profilbildung durch Following

- Ich hab den Informationskanal voll: Informationen durch Twitter

- Hättest du geschwiegen, wärst du ein Philosoph geblieben: Nicht alles muss kommentiert werden

- Best Practices: Jens' Weisheiten am Rande des Nervenzusammenbruchs

Und jetzt?

Abschalten, offline gehen und die Seele durchlüften.

7.4 Soziale Alternativen

Nachdem ich mir in den letzten Wochen Gedanken darüber gemacht habe, wie unsere Privatsphäre durch die Nutzung von unsozialen Netzwerken wie Facebook und Twitter beschädigt wird, ist es heute an der Zeit, konstruktiv meinen Blick zu heben und zu zeigen, welche privatsphären-freundlichen Alternativen es gibt.

Dazu werfe ich zunächst einen Blick darauf, was ich durch die Nutzung eines sozialen Netzwerkes erreichen will.

Welche Ziele habe ich beim sozialen Netzwerken?

Für mich habe ich auf diese Frage drei unterschiedliche Ziele identifiziert (wenn du, geneigter Leser, hier noch weitere Ziele auf dem Schirm hast, freue ich mich über eine Nachricht von dir):

  - ich will gehört werden

Ich habe ein Thema, zu welchem ich gehört / gelesen / gesehen werden will. Das kann ich natürlich für mich in meinem kleinen Kämmerlein tun, aber dann werde ich wahrscheinlich nur von den Ratten in den Wänden gehört und mir antworten ausschließlich die Stimmen in meinem Kopf.

Nun gut, das funktioniert. Aber wenn dies dein Ziel ist, dann brauchst du dir auch keine weiteren Gedanken über soziale Netzwerke im digitalen Raum machen.

Eine weitere Möglichkeit wäre Speakers Corner im Hyde Park - aber das wird sich demnächst auch in eine größere Reise-Arie ändern, wenn der Brexit abgeschlossen ist.

Und schließlich gibt es noch die Möglichkeit von virtuell-sozialen Netzwerken, wo der aspirierende Öffentlichkeitswillige innerhalb weniger Minuten eine Zuhörer-/Zuschauerschaft hat, die problemlos in die Hunderte geht.

Bingo! Also stürzen wir uns darauf und nutzen die digital etablierten Netzwerke als unsere Plattform.

- ich will mich mit Gleichgesinnten vernetzen

In der prä-digitalen Wirklichkeit musste ich tatsächlich physisch durch meine Nachbarschaft geistern, um Gleichgesinnte für meine alpenländische Affineur-Gruppe zu finden.

Heute erledigt sich das bequem vom Sofa aus.

Nebenbei habe ich noch die Möglichkeit, in mehr Gruppen aktiv zu sein, als mir die Woche Tage bietet. Die rein temporal bedingte Begrenzung, die mir früher maximal fünf Hobbys gleichzeitig bescherte (es muss ja auch noch ein bissel Zeit für die Familie kalkuliert werden) hat sich heutigen Tags vollkommen überholt.

Ich kann digital nicht nur auf sämtlichen Hochzeiten gleichzeitig tanzen, sondern habe auch noch die Gelegenheit, zu jedem Thema, welches nicht bei drei auf den binären Bäumen ist, meine Meinung kundzutun.

Überforderung und seelische Verflachung lässt schön grüßen.

- ich will Informationen erhalten

Soziale Netzwerke unterstützen mich dabei, Informationen zu sammeln. Dies habe ich bereits in meinem letzten Artikel für Twitter ausgeführt. Es ist sicherlich praktisch, an einer Stelle eine Informations-Tränke für mich einzurichten. Doch Obacht: An dem informationellen Wasserloch, an dem ich mich labe, lauern auch informationelle Predatoren, die mich als Datenbeute reißen wollen.

Aus diesem Grund bin ich ein Freund von Divergenz: Verteile deine Informationsquellen auf verschiedene Datenfutterplätze und konzentriere nicht alles auf einen hochfrequentierten Datentrog. Informationen gibt es überall - auch dieselben (das ist das Praktische an dieser Ausprägung des Internets: Eine Kopie ist das Original, ist eine Kopie, ist das Original - hier und dort und da).

Welche Alternativen gibt es?

Ausgehend von obigen Zielen für die Nutzung von sozialen Netzwerken stelle ich hier einige Alternativen vor, die ebendiese Ziele verfolgen.

Es gibt - natürlich wie bei allem - auch für diese Alternative eine Schattenseite: Sie sind nicht so bekannt und damit nicht mit einer so enormen Nutzerzahl gesegnet wie die wohl-propagierten Platz-hirsche Facebook, Google+ und Twitter.

Aber - wie ich das auch schon bei meinen Gedanken zur Privat-sphäre bei Facebook[1] angemahnt habe - wer will schon mit 1,6 Milliarden anderen Menschen netzwerken, Affineur-Rezepte aus-tauschen oder deren Meinung zu Arthouse-Filmen der späten 1990er hören?

Ich nicht, daher suche ich mir lieber spezialisierte Foren und Netz-werke und schere nicht alles über ein und denselben Kamm.

- gnusocial[2] ist ein Microbloggingdienst, also quasi das Äqui-valent zu Twitter. Nur eben dezentral und mit wirklicher Kontrolle über die eigenen Daten und die Privatsphäre.

gnusocial bietet in Summe die gleichen Funktionalitäten wie Twit-ter, aber eben auf einer freien und verteilten Plattform, die weniger Angriffsfläche für die Bildung von Profilen bietet.

- diaspora*[3] ist die freie und verteilte Alternative zu Facebook und Google+.

---

[1] https://blog.data-detox.de/2016/06/14/was-mach-ich-mit-meiner-privatsphae-re-bei-facebook/
[2] https://gnusocial.de/main/all
[3] https://diasporafoundation.org/

Es bietet die gleichen Funktionen wie die beiden konventionellen unsozialen Netzwerke. Allerdings ohne die datenkrakigkeit und ohne das Profiling.

Durch die dezentrale Struktur von diaspora* - und auch gnusocial - kann hier auch kein zentrales Datenregister über alle Benutzer aufgebaut werden. diaspora* bietet den gleichen Funktionsumfang wie Facebook - inklusive Posting eigener Beiträge, Kommentare vorhandener Postings und auch einem Echtzeit-Chatsystem. Was hier aktuell noch fehlt, sind die 1.6 Milliarden Nutzer - aber wer braucht die schon?

 - ein eigenes Blog

Das ist für mich immer noch die beste Alternative, um meine eigene Meinung in der mir am besten erscheinenden Form und unter bestmöglicher Erhaltung meiner Datenhoheit über die von mir preisgegebenen Daten der digitalen Welt mitzuteilen: Mein eigener Blog (nein, ich habe mich nicht verschrieben, laut Wiktionary[1] ist Blog sowohl in neutraler wie auch in maskuliner Form gebräuchlich).

Welche Vorteile haben diese Alternativen?

Die Unterschiede - und besonders die Vorteile - dieser privatsphären-verträglichen Alternativen gegenüber den konventionellen

---

[1] https://de.wiktionary.org/wiki/Blog

Plattformen wie Facebook, Google+ oder Twitter stelle ich hier kurz gesammelt vor.

- Sie sind dezentral

Dies bedeutet, dass es keinen zentralen Server gibt, über welchen Profile aller Nutzer zusammengestellt werden können. Ein weiterer Vorteil der Dezentralität besteht auch weiterhin in der besseren Verfügbarkeit und der Vermeidung einer Machtkonzentration.

- Ihr Geschäftsmodell zielt nicht auf die Daten der Nutzer ab

Die freien Alternativen (vielleicht sollten wir sie einfach freie Radikale nennen - obwohl diese ja eher unbeliebt/nicht gut sind ;) - aber mir gefällt der Begriff!) haben es - im Gegensatz zu den konventionellen Datenkraken - nicht auf die Daten der Nutzer als Währung abgesehen. Diese freien Plattformen haben tatsächlich noch ein freies Internet zum Austausch von Ideen und Gedanken als zentrale Motivation.

- Sie sind offen

Also in jeder mir nur denkbaren Weise (naja, wer nach allen Seiten offen ist, kann nicht ganz dicht sein ;)) sind diese Plattformen offen. Es gibt keine in den AGBs versteckt verklausulierten Datenschmutzbestimmungen oder unmöglich einzustellende Privatsphärenverschleierungen. Diese Plattformen wollen einfach zum Austausch und zur Kommunikation verwendet werden.

- Ich bin Herr über meine Daten

Der Nutzer dieser privatsphären-freundlichen Plattformen bleibt tatsächlich Besitzer seiner Daten. Diese werden ihm nicht durch schmutzige Tricks in den Nutzungsbedingungen entzogen. Der Nutzer wird auch nicht daten-entmündigt. Nein, hier behält er wirklich die Souveränität über die von ihm preisgegebenen Daten.

***

TL;DR

- was will ich? - Ziele meiner sozialen Nutzlast

- welche Alternativen habe ich? - gnusocial, diaspora* und Blog

- was macht die Alternative besser? Freiheit, Offenheit, Souveränität

Und jetzt?

Zur Sonne! Zur Freiheit!

Oder zumindest zu gnusocial, diaspora* und zum eigenen Blog!

8. Profile

8.1 Was ist denn so schlimm an Profilen?

Ständig fordert die Gesellschaft von uns, dass wir mehr „Profil" zeigen.

Wir sollen nicht oberflächlich, nicht belanglos sein.

Wir sollen Eindruck hinterlassen - also ein Profil.

Uns wird beigebracht, eine Spur in der Geschichte zu hinterlassen.

Das ist alles gut gemeint und hat einen hohen gesellschaftlichen Wert.

Denn würden wir alle gesichtslos sein, ohne Unterscheidungs-merkmal, dann wären wir eine graue, anonyme Masse.

Aber das, was die Datenkraken mit unseren Daten anstellen, hat nichts mit der gesellschaftlichen Ideen zu tun, was dahinter steckt, wenn wir mehr „Profil" zeigen sollen.

Heute mache ich mir Gedanken darüber, warum ich es für gefähr-lich und falsch halte, wenn Profile von uns erstellt werden.

Wenn wir uns bewegen - nicht nur im Internet - hinterlassen wir mittlerweile nahezu ständig und überall unsere digitalen Spuren.

Durch Überwachungskameras und die Überwachungswanzen - unsere Smartphones und sonstigen „smarten" Begleiter - erzeugen wir eine umfängliche Datenspur unserer Bewegungen: es entsteht ein Bewegungsprofil von uns.

Jeder Klick den wir im Internet machen ist ein weiteres Puzzleteil zu unserem Interessenprofil.

Jeden Kontakt den wir in unseren diversen unsozialen Netzwerken pflegen ergänzt unser Profil.

Aus diesen Profilen und der Korrelation der dadurch gewonnenen Daten wird ein weiteres Profil, ein Verhaltensprofil, über uns erstellt.

Aber was ist jetzt so schlecht daran, dass diese und weitere Profile über uns erzeugt, gespeichert - und ausgewertet - werden?

Unsere Entscheidungsfreiheit wird eingeschränkt

Durch die Profile, insbesondere durch die Kommunikations- und Verhaltensprofile werden wir durch die Internetkonzerne in eine Filterblase eingeschlossen.

Uns werden nur noch die für uns vorselektierten, „relevanten" Artikel, Produkte und „Freunde" empfohlen (Anmerkung: Wenn ich hier weiterhin das Social-Media-Sprech der Datenkraken anwende, dann stolpere ich hier von Hochkomma zu Hochkomma. Daher, heute ohne Hochkommas. Der entspannte Autor).

Eli Pariser stellt diese Auswirkung eindrucksvoll in seinem Buch „Filter Bubble" dar.

Das Problem dabei ist, dass wir nur noch einen Ausschnitt des verfügbaren Angebots sehen.

Nun, an dieser Stelle korrigiere ich mich: Nur einen Ausschnitt des verfügbaren Angebots zu sehen ist noch nicht das Problem.

Das Problem entsteht dadurch, dass wir nicht *wissen*, dass wir uns in einer Filterblase befinden. Wir gehen davon aus, dass wir das vollständige Angebot sehen.

Wenn wir uns in der wirklichen Welt bewegen, sehen wir auch oft nur einen Ausschnitt des vollständigen Angebots. Aber hier sind wir uns dessen bewusst.

Wenn wir Plakate auf der Straße sehen, wissen wir, dass hier nur Veranstaltungen aus der Region zu sehen sind.

Wir wissen jedoch, dass es in anderen Regionen andere Veranstaltungen beworben werden.

Das ist also ok.

Wenn wir jedoch aufgrund der Algorithmen des einen oder anderen obskuren Datenkraken - wir können auch sagen obskuren Algorithmen, denn das sind sie: obskur. Denn noch nicht einmal die Entwickler der Algorithmen können mit Bestimmtheit das Ergebnis ihrer Entwicklung vorhersagen, geschweige denn erklären. Brave New World!

Zurück zu den Algorithmen und ihren Datenkraken.

Wir wissen weder, dass wir in einer Filterblase sind, noch wissen wir, aufgrund welcher Korrelationen wir darin gelandet sind.

Und dieser Zustand entmündigt uns nun in zweierlei Hinsicht:

1. wir verlieren unsere informationelle Selbstbestimmung

2. wir verlieren die Herrschaft über unsere Daten

Datenkrakeligige Manipulation

Ein über uns angelegtes Profil wird dazu verwendet werden uns zu manipulieren.

Manipulation hat für uns noch einen greifbaren und direkten Klang.

Was wir jedoch im Internet erleben läuft viel subtiler und freundlicher ab.

Wir fühlen uns sogar geschmeichelt, dass wir persönlich angesprochen werden.

Es schmeichelt unserem Ego, dass wir genau das Produkt empfohlen bekommen, welches wir (vermeintlich) schon die ganze Zeit auf unserem inneren (oder auch bei dem ein oder anderen Internetkonzern angelegten Merkzettel) angekreuzt haben.

Wir müssen uns jedoch bewusst machen, dass die Datenkraken dies nicht aus purer Nutzerfreundlichkeit tun, sondern diese haben klare wirtschaftliche Vorteile im Fokus.

Die Wahrscheinlichkeit, dass wir als Kunden etwas kaufen, das uns persönlich empfohlen wird - sei es durch „Freunde" oder durch algorithmisch errechnete Vorlieben, ist um bis zu 30% höher als ohne profilgesteuerte Manipulation.

Das perfide an dieser Situation ist, dass es uns über die gesamte Dauer unseres Aufenthalts im virtuellen Raum verfolgt. Es endet nicht damit, dass wir nicht mehr bei Amazon sind, nein auch wenn wir nach dem Wetter für die nächsten Tage schauen verfolgt uns immer noch die Werbung für den Geschirrspüler, den wir uns gestern angeschaut haben.

Wir werden subtil weich gekocht, bis wir endlich die nächste Generation unseres ja schon vollkommen überalterten vor zwei Monaten neu gekauften Smartphones kaufen.

Überwachung durch Profile

Profile bieten die Möglichkeit zu besserer und umfassenderer Überwachung.

Nicht nur dass Bewegungsprofile das Ergebnis der mittlerweile flächendeckenden Überwachung sind. Die Kombination aus staatlicher und unternehmerischer Überwachung in Form von staatlichen und privaten Überwachungskameras erweitert durch die freiwillig vom Nutzer bereitgestellten Bewegungsdaten die durch Fitness-Tracker gesammelt werden.

Aber auch die vom Nutzer unfreiwillig abgezogenen Bewegungsdaten die durch die Anmeldung der Smartphones in Funkzellen entstehen tragen zu einem aussagekräftigen und umfassenden Bewegungsprofil bei.

Profile geben uns einen Wert

Na, das klingt doch mal prima!

...oder?

Ich will kein Preisschild angeheftet bekommen. Schon gar nicht, wenn ich nicht weiß, wer aufgrund welcher Kriterien diesen Preis errechnet hat.

Das jedoch geschieht, wenn ein Profil von uns erstellt wird. Wir werden bepreist.

So werden uns in Abhängigkeit von unserem Profil unterschiedliche Preise für dieselbe Ware angeboten. Dieses Dynamic Pricing[1] geht deutlich zulasten unserer freien Wahlmöglichkeit auf welchem Weg und mit welchem Endgerät wir nach einem Produkt suchen. Wir werden quasi aufgrund unseres Profils von den Daten-

---

[1] http://www.swr.de/marktcheck/dynamic-pricing/-/id=100834/did=16117742/nid=100834/1y8yazo/

kraken nicht nur ausgesaugt, sondern auch noch abgestraft mit höheren Preisen.

Eine andere Auswirkung vergleichender Profilbearbeitung sind Scoring-Agenturen. Zu den bekannten Faktoren die den Score - also den persönlichen Kreditwürdigkeitswert - beeinflussen wie Wohnort, Geschlecht und Alter kommen jetzt noch die Freunde und Updates die wir in den unsozialen Plattformen wie Facebook hinterlassen als Merkmale dazu [1].

Scoring-Agenturen sind meiner Ansicht nach sowieso schon Aasgeier der Datenwirtschaft, aber mit Big Data und der Auswertung unserer sozialen Profile haben diese hier noch mal einige Schippen an Verachtungswürdigkeit draufgelegt.

„No Man Is An Island"
(John Donne)

Es ist aber auch kein Mensch eine Schachtel!

Und in eine solche wollen uns die Datenkraken stecken. Denn es ist für diese bequemer und kosteneffizienter, wenn wir alle kalkulierbar und quantifizierbar sind.

Ich will aber in keiner Schachtel sein! Ich will noch nicht einmal in der "gehört-zu-keiner-Schachtel" Schachtel sein.

---

[1] https://www.theguardian.com/media-network/media-network-blog/2014/aug/28/social-media-facebook-credit-score-banks

Wir sollten alles uns nur technik- und vor allem menschenmögliche tun, damit wir von den verdammten Datenkraken nicht verschachtelt werden!

Wir fühlen uns durch die angebliche Aufmerksamkeit, die wir durch personalisierte Profilbildung erhalten geschmeichelt, aber letztendlich werden wir dadurch unserer Individualität beraubt.

Verlust der informationellen Selbstbestimmung

Wir erfahren weder wer unsere Daten sammelt, noch welche Daten über uns gesammelt werden.

Schon das ist ein klarer Verstoß gegen unser Grundrecht der informationellen Selbstbestimmung.

Was jedoch noch gravierender wiegt, ist die Tatsache, dass wir nicht wissen, welche Profile von uns gebildet werden.

Uns wird vorenthalten, welche Parameter in den uns unbekannten Algorithmen eingesetzt werden um die Profile über uns zu errechnen.

Wir haben auch keinen Einblick darin, mit welchen anderen Daten die gesammelten Daten korreliert werden.

All dies verstößt massiv gegen den Grundsatz der informationellen Selbstbestimmung.

Und dagegen sollten wir uns mit allen Mitteln wehren - ansonsten verlieren wir am Ende unsere Freiheit.

***

TL;DR

- Du hast keine Wahl: Einschränkung unserer Wahlfreiheit

- Tu was wir wollen: Manipulation durch Profile

- Ich weiß, was du gestern getan hast - ich rate, was du morgen tust: Überwachung

- Wert-volle Daten-Profile: Scoring mit Profilen

- Kasten-Denken: Profile machen uns vergleichbar

- Datenkraken bestimmen uns: Verlust der informationellen Selbstbestimmung

Im Übrigen bin ich der Meinung, dass den Datenkraken vier Paar Tentakelschellen angelegt werden sollten!

8.2 Ich weiß, wo du warst, wo du bist und wo du sein wirst – Bewegungsprofile

Bewegungsprofile, diese sind wohl die ersichtlichste Form der Überwachung, die wir erfahren.

Dies liegt zum einen daran, dass wir diese Art der Profilbildung auch am besten in der realen Welt erleben können. Wir sehen immer mehr und immer häufiger Überwachungskameras.

Im öffentlichen Personennahverkehr wurde jüngst eine flächendeckende Videoüberwachung von den Verkehrsministern gefordert[1].

Immer mehr Geschäfte und private Gebäude, stehen unter dem „Schutz" von Überwachungskameras.

Heute werfe ich einen Blick darauf, wie Bewegungsprofile erstellt werden, und auch aus welcher Motivation heraus.

Bewegungsprofil, ganz SIMpel

Unsere Lieblingswanze tragen wir ja freiwillig nahezu ständig mit uns spazieren: unser Smartphone, respektive Handy. Und damit haben wir auch gleich die umfassendste Möglichkeit zur Überwachung unserer physischen Bewegungen in der realen Welt parat.

---

[1] https://netzpolitik.org/2016/verkehrsminister-fordern-umfassende-videoueberwachung-im-oepnv/

Die SIM-Karten (**S**ubscriber **I**dentity **M**odule, Teilnehmer Identi-
tätsmodul) in unseren Handys und Smartphones identifizieren uns
als Nutzer eindeutig.

Nach der letzten, dem Terrorschutz geschuldeten, Überwachungs-
verschärfung durch unsere Regierung[1] sind wir jetzt ja auch beim
Kauf einer Prepaid-Karte zur ausweislichen Registrierung ver-
pflichtet.

Diese SIM-Karte bucht sich regelmäßig in die jeweils stärkste
Funkzelle ein, in deren Senderadius wir uns befinden. Und damit
wird ein (bei 99% Prozent Netzabdeckung in Deutschland) nahezu
lückenloses Profil unserer Bewegungen erstellt. Ganz SIMpel
eben. Diese Daten werden, dem Schutz vor Terrorismus seis
gedankt, für 10 Wochen bei den Telekommunikationsanbietern
gespeichert. Unsere Regierung weiß schon, wofür das gut ist.
Sonst weiß es nämlich niemand – ganz im Gegenteil, denn es gibt
klare Belege dafür, dass die ganze Vorratsdatenspeicherungsange-
legenheit gänzlich untauglich für den Schutz vor Terror oder ähnlichen Unwägbarkeiten ist [2].

---

[1] https://netzpolitik.org/2016/grosse-koalition-winkt-anti-terror-
gesetz-durch/
[2] http://www.vorratsdatenspeicherung.de/images/Sach-
stand_036-11.pdf

Freiwillige Selbstüberwachung

Meiner Ansicht nach sind jedoch wir selbst noch viel stärker für unsere eigene Bewegungsprofil-Erzeugung verantwortlich. Können wir der Funkzellenüberwachung kaum entgehen, wenn wir davon ausgehen, dass wir ein Mobilfunkgerät – es wird halt tatsächlich meist, wie der Name schon verrät, mobil verwendet – mobil verwenden. So können wir doch bei anderen Formen des Bewegungs-Profilings freiwillig entscheiden, ob wir dies wollen.

So ist es beispielsweise den Nutzern von Fitness-Trackern freigestellt, ob sie diese ihre Daten aufzeichnen wollen lassen oder nicht. Gut, an dieser Stelle lässt sich trefflich darüber streiten, ob ich dann einen Fitness-Tracker verwenden will, wenn ich nicht tracken will. Aber mir geht es heute um Bewegungsprofile und da stellt sich einfach die Frage, ob ich für meine Fitness aufzeichnen muss, wo ich meiner Fitness gefrönt habe.

Weiterhin wird es natürlich schwierig, sich dieser Form der Überwachung zu entziehen, wenn die Bewegung in der physischen Welt gerade der Sinn und Zweck der Anwendung ist. So sehen wir dies zum Beispiel bei Navigationsgeräten.

Wenn wir jetzt noch die Überwachungspotenziale von SIM-Karten und freiwillig bewegten Datenpunkten wie Navigationsdaten kombinieren, erhalten wir eine ganz brisante Mischung. Wir sehen diese Wechselwirkung aktuell bei modernen Autos. Ich nehme exemplarisch BWM.

Ein BWM verfügt über – aufgrund der neuen eCall-Funktionalität zur schnellen Benachrichtigung von Rettungskräften im Falle eines Unfalls - fest verbaute SIM-Karten. Dass diese standardmäßige Überwachung durchaus nicht gewünscht ist, zeigt die Vorgehensweise der nordrhein-westfälischen Polizei, welche diese SIM-Karte deaktivieren ließ[1]. Aber hat der normale Bürger auch diese Möglichkeit? Fraglich.

Und diese – wir haben es im vorherigen Abschnitt besprochen – erzeugen schon von sich aus ein umfassendes Bewegungsprofils des Fahrzeugs. Tests hinsichtlich des Datenhungers moderner Automobile haben zusätzlich zutage gefördert, welche Daten ein Fahrzeug – und damit zwangsläufig auch der Fahrer – so von sich preisgibt[2].

Dabei, so hat der Test gezeigt, ist ein modernes Fahrzeug schon sehr redselig. Verfügt dieses auch noch über ein Navigationssystem, so wird das Bewegungsprofil GPS-gestützt noch um ein

---

[1] https://netzpolitik.org/2016/neue-streifenwagen-in-nrw-ueber-mitteln-keine-daten-an-bmw

[2] http://www.zeit.de/mobilitaet/2016-02/datenschutz-autos-adac-aufklaerung-transparenz/komplettansicht

vielfaches genauer, als bei bloßer Funkzellenüberwachung durch die verbauten SIM-Karten.

Der Ruf nach mehr Sicherheit

Um Überwachung zu rechtfertigen wird immer wieder, hartnäckig und fast mit Schallgeschwindigkeit der Ruf: „Aber das ist doch für die Sicherheit!" laut.

Ich möchte an dieser Stelle kurz begründen, warum dies eine vollkommen verquere und unschlüssige Argumentation ist.

- Überwachung schafft keine Sicherheit.

Überwachung ist eine Maßnahme der Kontrolle. Durch Kontrolle entsteht jedoch keine höhere Sicherheit, denn wir können lediglich durch Überwachung feststellen, dass etwas passiert ist, dies aber keinesfalls im Vorhinein verhindern.

- Überwachung schafft Angst.

Wer überwacht wird und sich dieser Überwachung bewusst ist, ändert sein Verhalten. Diese Verhaltensänderung ist der *chilling effect*[1].

Es ist eine erwiesene psychologische Tatsache, dass Menschen, die sich tatsächlicher – oder auch nur vermeintlicher – Überwachung

---

[1] http://dradiowissen.de/beitrag/digitale-ueberwachung-veraendert-individuelles-als-auch-das-kollektives-verhalten-und-heisst-chilling-effekt

172

ausgesetzt sehen, von ihren authentischen Verhaltensmustern abweichen und stattdessen in ein dem überwachenden System konformes Verhalten fallen.

Und gerade bei Bewegungen im öffentlichen Raum ist es kaum vermeidbar, dass uns die Überwachungsmaßnahmen auffallen. Mittlerweile kann man in deutschen Innenstädten keine zehn Meter mehr zurücklegen, ohne von einer Überwachungskamera erfasst zu werden.

Teilweise wird dieser Effekt auch gezielt eingesetzt. Gibt es doch mittlerweile Kfz-Versicherungs-Tarife, welche einen dynamischen Tarif anbieten, der aufgrund einer Black-Box im Auto das Fahrverhalten registriert. Ich bin überzeugt davon, dass schon allein die Kenntnis dieser Überwachungsmaßnahme dazu führt, dass der Fahrer eines in dieser Form überwachten Fahrzeugs regelkonformer und defensiver fährt.

- Überwachung ist ein Mittel totalitärer Regime. Wir haben aus der Geschichte (besonders aus unserer deutschen Geschichte) gelernt, dass Überwachung von totalitären Regimes zur Unterdrückung eingesetzt wird. Und auch heutzutage kritisieren wir ganz klar und deutlich das überwachende Vorgehen in Staaten wie China und Russland.

Aber sind westliche Demokratien an dieser Stelle besser? Eine Welle der Empörung würde losbrechen, würde ich hier sagen, dass die USA, Großbritannien oder Deutschland totalitäre Regimes seien. Aber werfen wir einen kurzen Seitenblick auf Behörden wie die NSA, GCHQ und den BND. Diese staatlichen Behörden haben mit Operationen wie PRISM, TEMPORA oder der Operation Eikonal durchaus das Potenzial, um als totalitär zu gelten.

Was können wir dagegen tun?

Nachdem ich jetzt viel darüber gesprochen habe, wie wir überwacht werden und auf welche Weise aus diesen Überwachungsdaten Bewegungsprofile von uns erzeugt werden, ist jetzt an der Zeit, Ideen zu geben, was wir unternehmen können.

- Lasst öfter mal euer Handy oder Smartphone zu Hause.

Habt ihr kein Handy – oder genauer keine SIM-Karte – bei euch, können auch keine Funkzellendaten von euch (bzw. eurem Handy) erfasst werden.

- Tragt große Sonnenbrillen und Hüte.

Ja klar, werdet ihr sagen, der Paranoiker wieder.

Es ist aktuell so, dass die Überwachungskameras euch zwar erfassen, die Gesichtserkennung dahinter jedoch noch Schwierigkeiten hat, euch zu erkennen, wenn ihr Sonnenbrillen und Schirmmützen tragt, die euer Gesicht verbergen. Und schon wieder haben wir der Erzeugung eines Bewegungsprofils von uns ein Schnippchen geschlagen.

- Kauft euch einen Oldtimer.

Also es muss jetzt kein Aston Martin von 1969 sein (obwohl der schon schick ist!), aber eben ein Auto ohne eCall-Funktionalität. Wenn ihr dann noch auf ein Navi verzichtet, seid ihr auch wieder ein Stück weiter.

... bis ihr dann in den Erfassungsbereich einer Mautbrücke geratet ...

Aber wie uns die Regierung ja versichert, werden die Mautdaten niemals für Ermittlungszwecke verwendet[1].

TL;DR

- Überwachung mit SIM: Funkzellen verraten wo du bist

- Hier lauf ich! - Freiwillige Selbstüberwachung

- Sicherheit im Tausch gegen Freiheit: Der Sicherheitsmythos

- Das kann ich tun: Tipps zur Profilreduzierung

Und jetzt?

Sonnenbrille auf, raus in die Freiburger Altstadt und einen Über-wachungsslalom gehen!

---

[1] http://www.zeit.de/politik/deutschland/2014-08/polizei-bdk-ueberwachung-trolle

8.3 Ich weiß, was du willst, weil ich weiß, wer deine Freunde sind – Persönlichkeitsprofile

In der letzten Woche habe ich die Erstellung und Auswirkung von Bewegungsprofilen auf unsere Privatsphäre betrachtet. War dies noch ein Thema, welches wir gut beobachten und mitverfolgen können - z.B. durch die nicht unmaßgebliche Anzahl an Überwachungskameras auf den Straßen - so ist mein Thema in dieser Woche doch deutlich virtueller:

Persönlichkeitsprofile

Ich stelle oft fest, dass beim Thema Erstellung von Persönlichkeitsprofilen das Spektrum zwischen „Ach, mich kann man nicht manipulieren!" bis „Oh, ich finde es schön, wenn ich auf mich passende Angebote erhalte." schwankt.

Allerdings geht das Bilden und Auswerten von Profilen im Internet mittlerweile weit über das Anbieten von „passenden" Angeboten hinaus. In welche Richtung das Profiling mittlerweile geht, will ich heute zeigen.

∗∗∗

No Profile - no Credit

Dass Facebook Profile über uns erstellt, haben wir mittlerweile - mehr oder weniger - schulterzuckend hingenommen. Aber dass mittlerweile unsere Freunde und sogar unsere eigenen Postings unsere Kreditwürdigkeit untergraben können, halte ich für alptraumhaft. Noch schlimmer wird dieser Alptraum jedoch, wenn wir den Überlegungen von Marc Elsberg in seinem Roman *Zero* folgen: Schlimmer als ein schlechtes Profil oder ein schlechtes Ranking ist es, gar kein Profil zu haben. Diese Situationen - die tatsächliche bei Facebook-Profilen und die (noch) fiktionale bei Freemee - bedeuten für einen Facebook-Verweigerer wie mich eine harte - weil kreditunwürdige - Zukunft.

In deiner Echokammer hörst du dich nur selbst schreien

Persönlichkeitsprofile wirken sich jedoch auch noch an anderer Stelle auf ganz andere Art und Weise aus.

Durch die Erstellung von Persönlichkeitsprofilen wird unsere gesamte Wahrnehmung angepasst. Positiv formuliert kann diese Anpassung als „Verbesserung" dargestellt werden, realistisch gesehen ist es jedoch Manipulation. Aber wovon spreche ich?

Die Filterblase - auch Echokammer genannt - in die uns Google einbettet aufgrund derer Erkenntnisse über uns. Grundsätzlich will uns Google mit der Vorauswahl von Dingen, die uns scheinbar interessieren - weil durch unser bisheriges Suchverhalten bestätigt - zunächst helfen. Was jedoch dabei geschieht, hat schon Adolph Freiherr Knigge trefflich formuliert:

„Man glaubt es gar nicht, welch ein eintöniges Wesen man wird, wenn man sich immer in dem Zirkel der eigenen Lieblingsbegriffe herumdreht, und wie man dann alles wegwirft, was nicht unser Siegel an der Stirne trägt."

Da diese Vorauswahl ohne unsere Kenntnis stattfindet, tritt neben der Eintönigkeit, die sich einstellt, noch ein weiterer Effekt ein:

Wir glauben, dass wir einen umfassenden und objektiven Blick auf die Welt haben. Es wird nach und nach alles ausgeblendet, was der Algorithmus als für uns uninteressant ausblendet. Wir kreisen immer enger und immer schneller um unsere immer fester zementierten etablierten Gedanken und Meinungen - gemeinsam mit den Menschen, die uns als ähnlich denkend empfohlen wurden.

***

Die Empfehlungsmaschine

In eine ähnliche Kerbe wie Google schlägt auch Amazon. Allerdings nicht, um uns durch eine Vorauswahl in der schier unbewältigbaren Informationsflut einen digitalen Rettungsring zuzuwerfen. Sondern hier stehen klar identifizierbare monetäre Interessen im Vordergrund. Ein Mensch ist einfach eher bereit, etwas Bekanntes zu kaufen als etwas vollkommen Neues. Auch reagiert ein Mensch schneller auf - vermeintlich - persönliche Empfehlungen als auf

eine nüchtern-neutrale Bewertung eines Produktes. Diese beiden
Faktoren macht sich Amazon (und auch andere Internetkonzerne)
zu Nutze und empfiehlt uns das Blaue vom Himmel herunter -
wenn Amazon dies denn in seinem schier unüberschaubaren
Warenangebot listen würde. Die Trefferrate bei den Empfehlungen
dieser Empfehlungsmaschine ist so hoch, dass an dieser Stelle
mittlerweile „Fehler" eingebaut werden, um den Creepiness-Effekt
abzumildern. Dieser Creepiness-Effekt tritt ein, wenn potentielle
Kunden das Gefühl haben, die Empfehlungen treffen zu genau auf
ihre Persönlichkeit zu. Für mich ist dies ein Beleg dafür, dass die
Erstellung von Persönlichkeitsprofilen schon erschreckend gut ist.
Internetkonzerne verkaufen offensichtlich lieber etwas weniger, als
einen Kunden durch den Creepiness-Effekt vollständig zu verlieren. Creepy.

***

Tracker und Trader

Bisher habe ich von einzelnen Effekten bei verschiedenen Datensammlern gesprochen. Was passiert jedoch, wenn dies alles
zusammenläuft? Undenkbar, höre ich mich sagen! Und doch, das
ist die Realität. Facebook, Google und Amazon treten weder allein
noch isoliert im Internet auf. Diese - und andere - Konzerne verfolgen zwar eigene - und auch gewiss konkurrierende - Ziele, aber

hinsichtlich der Erstellung von Persönlichkeitsprofilen ziehen sie doch gern (und erfolgreich) an einem Strang.

Und dieser Strang beinhaltet unterschiedliche Tracking-Mechanismen wie der Allerseiten verachtete *Like*-Button, Beacons und Fingerprinting. Allesamt Mittel, um uns über sämtliche besuchten Seiten hinweg eindeutig identifizier-, verfolg- und manipulierbar zu machen. Dieses Tracking - egal mittels welcher Technologien es durchgeführt wird - liefert den Internetkonzernen (entweder durch Drittanbieter, welche diese Daten sammeln oder durch eigene Sammelmaßnahmen) das notwendige Rüstzeug, um Profile über uns zu erstellen. Und je mehr Rüstzeug die Datenkraken anhäufen, desto nackter und schutzloser werden wir.

***

Wenn wir zur Ware werden

Die Erstellung von Persönlichkeitsprofilen in Reinform liefern Datenkraken wie acxiom, Schober, arvato infoscore und die Schufa. Diese Unternehmen sind in unserer Wahrnehmung im Internet eher unsichtbar. Aus gutem Grund: Kämen die ungeheuerliche Sammelwut und die unanständig-invasiven Datenkorrelationsmöglichkeiten dieser informatorischen Aasgeier ans Licht, wäre der Unmut der unbedarften Persönlichkeitsprofil-Träger vermutlich größer. Diese Datenhändler liefern die Grundlage dafür, warum derjenige keinen Kredit bekommt, der in der „falschen"

Gegend lebt. Auch wenn wir keinen Handyvertrag abschließen oder keine Wohnung mieten können (weil wir das „falsche" Alter, Geschlecht oder die „falsche" Ausbildung haben, geht auf die Rechnung dieser Datenhändler.

Ich halte es für verwerflich, welche Datenmengen diese nahezu unsichtbar operierenden Unternehmen ansammeln, zu erschreckenden Persönlichkeitsprofilen korrelieren und gegen Einwurf kleiner Münzen (oder großer Scheine) an den Zahlungswilligen verkaufen. Bäh!

***

Was tun? Was hilft?

Stehen wir dieser Profilbildung hilflos wie Charles Dickens' Titelheld aus *Oliver Twist* gegenüber und bitten unterwürfig:

„Bitte, Herr, ich möchte noch etwas mehr!"?

Nein, wir können selbstbewusst unsere Privatsphäre und unsere Freiheit verteidigen - indem wir uns der Verfolgung und Profilbildung widersetzen!

Dazu reichen schon einfache Add-ons im Browser unserer Wahl aus (dies soll uns der Firefox sein), die uns bei der Wiedererlangung der Kontrolle über unsere Daten unterstützen.

Cookie Controller: Kontrolle über Cookies - damit wir nicht weiterhin mit einem allseits sichtbaren Post-it auf der Stirn im Internet surfen.

Privacy Badger: Schutz vor Tracking.

uBlock Origin: Schutz vor unerwünschter Werbung.

Beim Schutz unserer Privatsphäre benötigen wir mitunter auch technische Hilfe - und die bekommen wir hier. Einfach, effektiv und sicher.

***

TL;DR

Kreditverlust durch die falschen Freunde: No Profile - No Credit

Du drehst dich nur noch um dich selbst: In der Echokammer hörst du nur dich selbst

Kauf gefälligst das, was wir dir verkaufen wollen: Die Empfehlungsmaschine

Verfolgt über das ganze Internet: Tracker und Trader

Die Datenhändler im Hintergrund: Wenn wir zur Ware werden

Tipps zum Schutz vor Profilbildung: Was tun? Was hilft?

Und jetzt? Nicht verzagen, nicht klagen - mich um Unterstützung fragen!

8.4 Pre-Crime - vorhersagende Polizeiarbeit und Profile

Es klingt wie ein guter Plot aus einer Science-Fiction Geschichte. Die Polizei verhindert Verbrechen, bevor sie verübt werden.

Was in der Kurzgeschichte von Philip K. Dick, welche gänsehauterregend gut von Steven Spielberg als *Minority Report* verfilmt wurde, noch durch die Vorhersagen von drei Mutanten ermöglicht wird, wird heutigentags <u>dieser Zeit</u> bereits durch die schnelle und weitreichende Analyse von riesigen Datenmengen angegangen, <u>versucht zu erreichen</u>.

Pre-Crime oder auch Predictive Policing[1] wird seit Ende 2013 in unterschiedlichen Ausprägungen und verschiedenen Szenarien eingesetzt, um die Polizeiarbeit zu unterstützen.

Ich will heute einen Überblick über den Status Quo der vorhersagebasierten Polizeiarbeit geben. Und ich will mir heute Gedanken darüber machen, welche Möglichkeiten sich durch den Einsatz von Predictive Policing ergeben und welche Gefahren ich darin sehe.

***

Wo stehen wir beim Predictive Policing?

---

[1] https://de.wikipedia.org/wiki/Predictive_Policing

Die Realität hat die Fiktion recht schnell eingeholt. Nachdem Philip K. Dick seine Kurzgeschichte *The Minority Report* 1956 veröffentlicht hat, wurde diese kaum ein halbes Jahrhundert später, 2002, von Steven Spielberg cineastisch im gleichnamigen Film verarbeitet. Von da an ging die Umsetzung von Fiktion in die Realität sehr schnell.

2011 wurde das erste Predictive Policing Programm (PredPol) in verschiedenen Städten der USA eingeführt. Diesem folgte 2013 Delaware mit dem Programm TAPS und in 2014 wurde das Programm Heatlist in Chicago und erstmals auch in Europa in London eingesetzt.

Seit 2015 laufen mittlerweile auch Tests zur vorhersagenden Polizeiarbeit in verschiedenen Regionen in Deutschland mit dem Prognoseprogramm Precobs (**Pre** **C**rime **Ob**servation **S**ystem).

***

Welche Ausprägungen bieten computerbasierten Prognosesysteme

Grundsätzlich sehen wir aktuell zwei unterschiedliche Entwicklungen bei den computerbasierten Vorhersageprogrammen zur Verbrechensverhinderung.

In Amerika zielen die Programme auf einzelne, als gefährlich eingestufte potentielle Täter ab. Diese werden, so sehen wir dies in

Chicago, in einer sogenannten *Heatlist*[1] erfasst. Bei dieser Prognosearbeit werden gezielt soziale Profile von bisher bekannten Tätern durchforstet und es wird ein Score ermittelt, mit welcher Wahrscheinlichkeit diese einzeln überwachten Personen wieder straffällig werden.

In Deutschland folgt die computerbasierte Prognosearbeit der Polizei einem grundlegend anderen Ansatz. Hier werden keine Täterprofile aus sozialen Netzwerken erstellt. Hier werden bereits aufgetretene und als mögliche Serie identifizierten Wohnungseinbrüche oder Autodiebstähle analysiert. Daraus werden Wohngebiete als potenzielle zukünftige Tatorte ermittelt und innerhalb der auf die bereits stattgefundenen Straftaten folgenden 72 Stunden stärker durch die Polizei überwacht.

***

Positive Auswirkungen von Predictive Policing

Nun, zunächst setzte an dieser Stelle die virtuelle Form von betretenem Schweigen ein. Abgesehen von den vollmundigen Versprechungen der Softwarehersteller und der Polizeibehörden, dass hier deutliche Vorteile zu verzeichnen sind, gibt es diese faktisch jedoch noch nicht.

---

[1] https://www.aclu.org/blog/chicago-police-heat-list-renews-old-fears-about-government-flagging-and-tagging

Das Innenministerium in Bayern spricht zwar von einem Rückgang um 42 Prozent bei den Wohnungseinbrüchen in den durch Precobs beobachteten Gebieten.

Allerdings halte ich diese Zahlen für nicht haltbar. Der Test mit Precobs startete in München erst im Oktober 2014 und lief bis September 2015. Dieser Zeitraum reicht sicher nicht aus, um sagen zu können, dass allein aufgrund des Einsatzes von Precobs dieser Rückgang zu verzeichnen ist. Hierbei werden schlicht andere Faktoren außer acht gelassen, wie Wetter, Änderungen im Verhalten von Bewohnern oder einfach eine Verlagerung auf andere Tatorte.

Als weitere positive Auswirkung von predictive Policing wird genannt, dass die Polizeiarbeit beschleunigt wird. Gut, dies ist jetzt weniger eine positive Auswirkung der Arbeit mit Precobs als eher eine Notwendigkeit. Denn die Prognose von weiteren Straftaten wie Wohnungseinbrüchen und Autodiebstählen in einem als Verbrechenstatort identifizierten Gebiet trifft maximal für die folgenden 72 Stunden zu. Da hilft halt eine schnelle Reaktion auf die computerbasierte Prognose deutlich. Ansonsten stellt sich die Prognose als obsolet dar. Aber als Auswirkung von Predictivice Policing zu behaupten, die Polizeiarbeit wird beschleunigt, stellt eine unzulässige Vereinfachung dar.

Negative Folgen von Predictive Policing

Nachdem ich jetzt gezeigt habe, dass selbst die vermeintlichen positiven Aspekte von computerbasierter Vorhersage in der Polizeiarbeit im Grunde negative Auswirkungen haben, bin ich gespannt, ob deren negativen Folgen noch düsterer sind. Oder wir werden überrascht und die vermeintlichen Negativfolgen stellen sich als positiv heraus.

Betrachten wir zunächst die Täterprofilbasierten Programme.

Wir wissen nicht, wer den Algorithmus zur Berechnung des Scores eines möglichen Täters erstellt hat. Damit besteht schon die Gefahr, dass der Programmierer seine eigenen Vorurteile mit in die Software programmiert hat. Software ist aktuell noch von Menschen erstellt und Menschen haben Vorurteile. Diese fließen immer mit in die Algorithmen ein und können, wenn es sich um Closed Source handelt, nicht geprüft werden.

Das Ranking, welches bei der Täterprofilbasierten Vorgehensweise erstellt wird, kann dazu führen, kann zu einer selbsterfüllenden Prophezeiung werden. Ein potenzieller Täter wird erst zum Täter dadurch, dass er auf dieser Liste steht. Der ungültige Zirkelbezug: „Weil du auf der Liste stehst, gibt es einen Grund dafür, dass du auf der Liste stehst." kann bei den Polizeibehörden dazu führen, genau diese Menschen in ein Verbrechen zu treiben.

Wir wissen nicht, nach welchen Kriterien der Algorithmus soziale Profile durchsucht. An dieser Stelle können schon rassistische Diskriminierungen auftreten, dass ein Unbeteiligter als potenzieller Täter auf die Liste gesetzt wird, weil er den „falschen" Namen hat, in der „falschen" Gegend lebt oder einfach die „falschen" Freunde hat.

Nun, das sieht alles schon deutlich negativ aus, aber wir haben noch die deutsche Ausprägung der Prognosesoftware als Lichtblick. Hoffen wir auf bessere Ergebnisse.

Die Software Precobs wird von einem privatwirtschaftlichen Unternehmen, dem Institut für musterbasierte Prognosetechnik (IfmPt) entwickelt. Mir gefällt es nicht, dass staatliche Aufgaben wie die Polizeiarbeit durch privatwirtschaftliche Software, die obendrein noch Closed Source ist, übernommen wird. Obendrein wird Precobs, zumindest in Baden-Württemberg auch von der Firma *microm Consumer Marketing* unterstützt. Die *microm* ist ein Unternehmen der *Creditreform*[1], eine Wirtschaftsauskunftei und Inkassodienstleister. An dieser Stelle läuft mir mehr als nur ein kalter Schauer den Rücken hinunter.

Ich halte es schon für äußerst gefährlich, wenn eine Wirtschaftsauskunftei in Personalunion auch Inkassodienstleister ist. Aber wenn ich dann sehe, dass diese über Tatortinformationen von begangenen Verbrechen verfügen und daraus Prognosen für die nächsten möglichen Tatorte erstellen, dann wird mir schon ein

---

[1] https://de.wikipedia.org/wiki/Creditreform

bissel schlecht.

Zwar wird laut Aussage der Baden-Württembergischen Polizei strikt darauf geachtet, dass in Precobs keine personenbezogenen Daten gespeichert werden. Aber dies ist auch nicht notwendig, wenn bei dieser unheiligen Konstellation von Prognosesoftware und Wirtschaftsauskunftei die vorhandenen Metadaten miteinander korreliert werden.

Weiterhin kann die Prognose für zukünftige Tatorte als Grund genommen werden, dass nicht nur für die nächsten 72 Stunden mehr Streifen in die prognostizierten Gebiete geschickt werden, sondern dass zukünftig eine verstärkte dauerhafte Videoüberwachung dieser und weiterer Gegenden erfolgt. Somit kann der Einsatz von Predictive Policing zu mehr Überwachung führen.

Und letztlich kann es einfach dazu führen, dass die bisher in Region A aufgetretenen Serienstraftaten sich jetzt nach Gebiet B verlagern. Damit kann auch wundervoll auf mikroregionaler Ebene betrachtet ein Erfolg für Predictive Policing vermeldet werden.

***

TL;DR

Sci-Fi oder Realität: Wo kommt Pre-Crime her?

Stand der Dinge: Wo stehen wir beim Predictive Policing?

Täterprofile und zukünftige Tatorte: Ausprägungen von Predictive Policing

Gibt es etwas Gutes?: Positive Auswirkungen von Predictive Policing

Schlechte Laune: Negative Auswirkungen von Predictive Policing

Und jetzt?

Vielleicht ein bisschen inspirierende Gute-Laune-Musik hören :)

9. Off the Grid

9.1 Ein Versuch, möglichst unsichtbar zu werden

Wie können wir uns möglichst spurenlos digital in unserer Gesellschaft bewegen?

Dieser Frage will ich in diesem und den folgenden Artikeln nachgehen.

Mir ist klar – und es ist auch gar nicht mein Ziel – dass ein digitaler Ausstieg von enzensbergerscher Dimension nicht mehr möglich oder gar nicht wünschenwert ist.

Aber auch ohne diesen Anspruch können wir durch einige Schritte etwas unsichtbarer für die immer stärker zunehmende Überwachung werden.

Hier sind einige der Schritte, die ich bisher unternommen habe, um meinen digitalen Fußabdruck zu minimieren.

Keine Kreditkarte

Eine Kreditkarte ist ein Medium der weltweiten Überwachung. Jede Kreditkartenbuchung wird von dem für Finanztransaktionen zuständigen Zweig der NSA (Follow the Money) überwacht und in einer eigenen Datenbank für Finanztransaktionen (Tracfin) gespeichert.

Auch reichen schon wenige Zahlungen mit einer Kreditkarte, um jeden Nutzer anhand der anfallenden Metadaten wie Ort, Datum und gezahlter Preis eindeutig zu identifizieren. Schon diese beiden Gründe reichen aus, um von Zahlungen über das Zahlungsmittel Kreditkarte abzusehen. Aber zu diesen Überwachungs- und Profilerstellungsszenarien gesellen sich auch noch die verschiedenen und immer schwerwiegenderen Fällen von Kreditkartenbetrug. So stellt Brian Krebs in seinem Blog neun der gängigsten Verfahren vor, wie Kreditkartendaten gestohlen und anschließend missbräuchlich verwendet werden können. Das große Problem bei Kreditkarten ist an dieser Stelle ihre sehr große Verbreitung einhergehend mit sehr schlechter Sicherheit in der Verwendung. Daher mein Rat: Hände weg von Kreditkarten – zum Schutz der Privatsphäre und auch zum Schutz vor Missbrauch.

Möglichst viel mit Bargeld bezahlen

Wenn wir weitgehend auf Zahlungen mit Kreditkarten verzichten, dann bleiben uns im alltäglichen Zahlungsverkehr noch EC (Electronic Cash)-Karten, Tauschhandel und Bargeld.

Betrachten wir zunächst die Zahlungen mit EC-Karten. Diese mittlerweile offiziell girocard genannten Debitkarten sind oft auch mit dem Maestro- oder V Pay-System verbunden. Maestro ist ein Angebot von MasterCard und bei V Pay handelt es sich um ein Debitsystem von Visa. Da diese beiden Anbieter aus den USA kommen, können wir davon ausgehen, dass die Transaktionen über diese Systeme auch in den USA durchgeführt und überwacht werden. Auch sind Transaktion über jedes dieser Systeme (giro-card, Maestro und V-Pay) leicht nachzuverfolgen und können, genau wie die Metadaten bei Kreditkartenzahlungen, zur Erstellung von Profilen herangezogen werden. Ein Trost an dieser Stelle ist jedoch: Die NSA überwacht (bisher) nicht die rein europäischen Finanztransaktionen über das girocard- / Electronic Cash-Netz. Tauschhandel ist natürlich eine fabelhafte und überwachungsfreie Alternative. Allerdings stelle ich mir die Einsatzmöglichkeiten im Alltag als eher begrenzt vor.

Bleibt uns noch Bargeld. Ich halte die kürzlich stattgefundene Diskussion über die Abschaffung des Bargelds für eine Nebelkerze. Zum Glück, rufe ich aus! Jedoch sollte es uns zu denken geben, in welche Richtung die Forderung der Politik hier geht.

Denn die Abschaffung von Bargeld würde automatisch mehr Überwachung nach sich ziehen. Es könnte dann wirklich jede Finanztransaktion von uns beobachtet werden. Bargeld ist die letzte Form anonymer Bezahlung. Wenn wir den Einsatz unserer EC-Karte auf die Bargeldbeschaffung am Geldautomaten beschränken, schaffen wir uns ein großes Stück Freiheit, da nun niemand gezielt überwachen kann, wie wir das so beschaffte Bargeld ausgeben.

Keine offensichtlich auf mich registrierte SIM-Karte

Ich vermeide hier mal den Begriff „anonyme" SIM-Karte, weil das eben nicht zu erreichen ist. Die Metadaten, wenn ich die SIM-Karte nutze (allein schon, wenn diese in einem Smart- oder Dumbphone eingesetzt wird) werden auf jeden Fall gespeichert. Dafür sorgt aktuell zum einen die Vorratsdatenspeicherung und zum anderen einfach der Telekommunikationsanbieter. Aber wir können unsere kreative Freiheit walten lassen, welche Daten wir bei der Aktivierung der SIM-Karte angeben. Aktuell muss ja noch nicht der Personalausweis oder ein anderes Ausweisdokument beim Kauf einer Prepaid-Karte vorgelegt werden. Dies wird jedoch sich im Zuge der Antiterror-Gesetze unserer Bundesregierung demnächst ändern. Daher mein Hinweis an dieser Stelle: Kauft euch noch schnell einen Satz Prepaid-Karten, noch muss sich dafür nicht ausweisen! Wir sollten dann auch noch darauf achten, dass wir die Prepaid-Karte in einem anderen Smart- oder Dumbphone aktivieren, als in dem Gerät, welches wir zukünftig nutzen wollen. Die IMEI (International Mobile Station Equipment Identity), die 15-stellige eindeutige Seriennummer des Mobilfunkgeräts wird bei der Aktivierung zusammen mit der aktuellen Funkzelle dauerhaft gespeichert. Mit dieser Datenkombination sind wir damit wieder ein Stück mehr eindeutig identifizierbar. Zusätzlich sollten wir auch darauf achten, dass wir unsere neue Prepaid-Karte das erste Mal außerhalb unserer heiligen Hallen aktivieren, damit wir hier eine Zuordnung mit unserem Wohnort vermeiden.

Hinfort, Kundenkarten!

Einen großen Schritt weg vom Raster können wir dadurch gehen, dass wir unsere sämtlichen Kundenkarten wie Payback, DeutschlandCard und sonstigem Überwachungs-Irrsinn in Punkten den Laufpass geben! Die Datensammelkarten gewähren sowieso nur minimale Rabatte von 0,5 bis maximal 3 Prozent, wie die Verbraucherzentrale ermittelt hat. Und dafür sind die Daten, die wir an dieser preisgeben einfach zu wertvoll. Neben der Überwachung, die durch die Datensammlung stattfindet und welche hauptsächlich dazu dient, ein Profil über uns zu erstellen, ist die Manipulation, die aufgrund der ermittelten Profile stattfindet, das abschreckendste Argument für mich, um keine solche Karte einzusetzen. Öfter mal Sonnenbrille und Hut tragen.

Immer stärker setzt sich die Überwachung durch Videokameras im öffentlichen Bereich durch. Natürlich nur „zu unserer Sicherheit", so das Narrativ der Überwacher. Dass durch Überwachung keine Sicherheit entsteht, sollte uns seit Stasi, Gestapo und NSA eigentlich klar sein. Durch Überwachung entsteht Kontrolle durch Angst.

Deshalb, wehren wir uns! Die Videokameras werden zwar immer besser und mittlerweile können Menschen anhand ihrer Tattoos, „abnormalem Verhalten" (wozu auch „auf-dem-Boden-sitzen" gehört) und ihrer Gangart identifiziert werden. Aber eine große

Sonnenbrille und ein Hut, der das Gesicht verbirgt, hilft immer noch eine ganze Menge gegen Gesichtserkennung.

Weniger on ist mehr off

Wenn wir beginnen, unsere unsozialen Medien einzuschränken, gewinnen sehr viel:

mehr Zeit

mehr wirkliche soziale Kontakte

mehr Einblick in unser Leben

Natürlich geben wir auch etwas ab:

Kontrolle über unsere Tätigkeiten, die bisher bis ins Detail durch unsere Teilnahme an unsozialen Plattformen verfolgt wurde

Die Möglichkeit, uns über unsere „Freunde" zu manipulieren

Eine große Möglichkeit uns zu überwachen

Auch wieder mehr regional offline einkaufen hilft an dieser Stelle. Denn jeder Einkauf in einem Online-Shop trägt dazu bei, dass ein weiteres Puzzleteil der zunehmenden Überwachung unseres Lebens in das über uns erstellte Profil eingesetzt wird.

Wir haben es im Griff, ob wir vollständig, rund um die Uhr überwacht werden wollen, oder nicht.

Wir brauchen nicht vollkommen und enzensbergerisch aus der digitalen Welt aussteigen. Aber wenn wir wissen, wie wir überwacht werden, können wir lernen, was wir dagegen tun können.

Ich kann euch dabei helfen.

***

TL;DR

Kein Kredit – keine Überwachung: vergiss die Kreditkarten

Nur Bares ist wahres: zahl öfter anonym mit Bargeld

Prepaid-Karten – Kosten- und Überwachungskontrolle: pseudonyme SIM-Karte

Payback ist ein Werk des Teufels: Hinfort, Kundenkarte!

Stock und Hut, steh´n ihm gut: Trag öfter Sonnenbrille und Hut gegen Gesichtserkennung

Einfach reduzieren: Weniger on ist mehr off

Und jetzt?

Befreiter Leben durch bewussteres Handeln.

9.2 Tor, Tails und die Theorie der Anonymität

Damit wir uns möglichst unerkannt im digitalen Raum bewegen können, müssen wir erst mal klären, was in diesem Kontext „unerkannt" bedeutet.

Dabei spielt Anonymität eine große Rolle. Aber was bedeutet Anonymität?

So nennt Wikipedia als Bedeutung von Anonymität[1]

> „[...] das Fehlen der Zuordnung der handelnden Person zu einer Handlung [...]".

Weiterhin nennt Wikipedia noch als wichtigen Grund für Anonymität den

> „[...] Schutz der Freiheit des Einzelnen [...]".

Das halte ich für eines der wichtigsten Ziele überhaupt, welches ich verteidigen will.

Ohne Freiheit ist alles andere bedeutungslos. Wenn wir nicht frei sind, dann bringen uns die materiellen Güter, die wir angehäuft haben, nichts. Denn ohne Freiheit leben wir dann nur in einem - zugegebenermaßen sehr bequemen - goldenen Käfig. Aber in einem Käfig eben.

Anonymität im Internet

---

[1] https://de.wikipedia.org/wiki/Anonymit%C3%A4t

Wie lässt sich dieser Schutz der Freiheit nun im digitalen Raum, im Internet bewerkstelligen? Geht es überhaupt?

Geht es ein bisschen?

„Geht es ein bisschen" ist schon komisch. Ein bisschen anonym geht so wenig wie ein bisschen schwanger. Dies liegt an der Bedeutung von Anonymität. Die Zuordnung einer handelnden Person zu einer Handlung ist eben möglich oder nicht. Aber nicht ein bisschen möglich oder ein bisschen unmöglich.

Wie wird nun diese Identifikation einer Person im Internet durchgeführt?

Hauptsächlich über die IP-Adresse. In Zeiten von IPv4 ist diese Zuordnung aufgrund des begrenzten Adressraums von IPv4 nur über eine zwischengeschaltete Zuordnung möglich. Dies liegt daran, dass es einfach viel mehr Endgeräte gibt als eindeutig identifizierbare IPv4-Adressen verfügbar sind. Aber dank Vorratsdatenspeicherung bleibt diese temporäre Zuordnung ja für zehn Wochen gespeichert. Ein Hoch auf unseren großen Bruder Vater Staat! Seit der Erweiterung des möglichen Adressraums durch IPv6 ist jetzt endlich eine eindeutige Zuordnung jedes einzelnen Smartphones und auch noch der letzten ans Internet angebundenen Videokamera möglich. Halleluja! George Orwells feuchte dystopische (Alp-)Träume werden endlich wahr.

Also: Aufgrund dieser eindeutigen Identifikation durch die IP-Adresse ist jeglicher Wunsch nach Anonymität im Internet dahin.

Und dies ist nicht alles, was im Internet genutzt wird, um uns eindeutig zu identifizieren. Tracking-Techniken wie Beacons, Cookies und Fingerprinting in diversen Ausprägungen sind weitere Hemmschuhe auf unserem Weg zu anonymer Kommunikation im Internet.

Aber - und das ist der greifbare Silberstreif am digitalen Horizont - es gibt technische Hilfe für uns Befürworter eines unüberwachten Internets.

Ein Tor wer Böses dabei denkt.

> *„Honi soit qui mal y pense."*

In der aktuellen Diskussion um den Einsatz von Tor gilt wahrlich das Motto des Hosenbandordens.

Der verbale Beißreflex der Politik - wenn es um Anonymität im Internet geht - lässt mich schaudernd an lange vergangen geglaubte totalitäre Regime denken.

Überwachen! Verbieten! Schutz vor Terrorismus! Ein Verbrecher, ein Terrorist gar, wer Tor nutzt! In diese Form verballhornt unsere Regierung das hosenbandorden'sche Motto. Es ist eben deutlich einfacher, platte Stammtischparolen zu äußern, als sich thematisch und fundiert mit der Sache auseinanderzusetzen.

Tor, das Akronym für The Onion Router, ist ein Netzwerk zur Verschleierung von IP-Adressen. Es ist mitnichten der Schlund in die Internet-Hölle (das „Darknet") wie uns die polemische Politik glauben machen will. netzpolitik.org klärt an dieser Stelle kommentarisch[1] auf. Vielleicht sollte die Politik sich an dieser Quelle zunächst mit Hintergrundwissen laben, anstatt uninformiert und verflacht lospoltern.

Für Menschen in totalitären Regimes wie China oder dem Irak ist eben die Nutzung des Tor-Netzwerkes die einzige Möglichkeit, frei und unzensiert am digitalen Leben im Internet teilzunehmen und -geben. Und ebenso wenig, wie alle Chinesen oder Iraker, die Tor nutzen, Terroristen, Verbrecher oder Kinderschänder sind, sowenig sind Tor-Nutzer in der westlichen Welt ebendies. Oder glaubt ihr, bloß weil ein Terrorist einen Führerschein hat, alle Führerscheinbesitzer seien Terroristen?

Tor bietet einfach eine Möglichkeit, sich anonym im Internet zu bewegen. Und da Anonymität die Freiheit des Einzelnen schützt, ist es quasi unsere erste Bürgerpflicht, Tor zu nutzen, um unsere Freiheit schützen.

Es geht sogar noch weiter als Schutz der Freiheit des Einzelnen. Durch die Nutzung von Tor erzeugen wir einen Schwarm von nicht

---

[1] https://netzpolitik.org/2016/kommentar-kriecht-aus-dem-fiesen-darknet-das-unheil-der-welt/

eindeutig identifizierbaren Nutzern. Je mehr wir Tor nutzen, desto besser schützen wir die Menschen in totalitären Regimen, die auf Tor angewiesen sind. Deswegen ist die Nutzung von Tor gewissermaßen ein Akt von Völkerverständigung durch die Stärkung der freiheitlichen Menschenrechten auf der ganzen Welt.

Wenn unsere Regierung jetzt die Nutzung von Tor verbieten oder überwachen will, schwächt sie damit die Freiheit von Unterdrückten in totalitären Regimes und stärkt folglich die totalitären Regimes.

Wir sollten uns jedoch bewusst sein, dass wir beim Einsatz von Tor richtig vorgehen müssen. Der Tor Browser liefert seine schützende Schwarmwirkung nur, wenn die Standardeinstellung nicht verändert wird. Der Schwarm von nicht einzeln identifizierbaren Tor-Nutzern besteht nur, wenn wir den Tor Browser so einsetzen, wie er ausgeliefert wird. Wir dürfen nicht die Fenstergröße ändern und wir dürfen keine zusätzlichen Plugins installieren; andernfalls verändern wir den Fingerabdruck des Tor Browsers und werden damit wieder eindeutig identifizierbar im Tor-Schwarm. Dies ist an sich schon kontraproduktiv. Noch problematischer ist allerdings, dass wir dadurch das gesamte Tor-Netzwerk schwächen.

***

Lasst uns ein eXeMPPel statuieren

Neben dem Tor-Netzwerk haben wir noch eine weitere Möglichkeit, anonym im Internet zu kommunizieren.

Instant Messenger sind wahnsinnig praktisch.

Allerdings sind Instant Messenger auch wahnsinnig gut zu überwachen.

Auch an dieser Stelle höre ich wieder das Geheule[1] der Überwachungsbefürworter in der Politik, dass diese ja unbedingt Hintertüren in der verschlüsselten Messenger-Kommunikation brauchen.

Einmal abgesehen davon, dass diese Forderung vollkommen unreflektierter Blödsinn ist, ist der Inhalt der verschlüsselten Messenger-Kommunikation auch höchstens zweitrangig für den Überwachungs-Effekt.

Metadaten - wer mit wem, wann, wo und wie oft kommuniziert - sind viel wichtiger.

Und diese erkenntnisreichen Metadaten fallen bei allen Instant Messengern an, die an eine Mobilfunknummer als Identifikator gebunden sind. Da ist es egal, ob wir WhatsApp, Threema oder Signal verwenden.

---

[1] http://www.spiegel.de/politik/deutschland/thomas-de-maiziere-plant-ueber-wachungsoffensive-a-1107223.html

Einen Ausweg aus diesem Dilemma bietet XMPP. XMPP[1], das eXtensible Messaging and Presence Protocol, geht an dieser Stelle einen gänzlich anderen Weg.

XMPP bindet sich weder an einen Identifikator, über welchen wir durch die Vorratsdatenspeicherung erfasst werden. Noch geht die Kommunikation von XMPP über einen zentralen Server, über welchen unsere Kommunikation im ungünstigsten Fall abgegriffen werden könnte.

XMPP ist ein eigenes Protokoll mit einer vom Mobilfunk (als Identifikator) getrennten Systematik.

Das XMPP-Netz besteht aus dezentral verteilten XMPP-Servern, welche die Kommunikation weiterleiten. Die Identifikation bei XMPP besteht aus der JID, der Jabber ID. Diese ist aufgebaut wie eine E-Mail Adresse und ermöglicht die Kommunikation im XMPP-Netz auch über unterschiedliche Clients hinweg. Dies ist nebenbei noch ein weiterer Vorteil von XMPP: als Nutzer sind wir nicht an einen Anbieter gebunden. Gefällt uns dieser Client nicht, nutzen wir einen anderen, der XMPP unterstützt.

Wenn wir die Vorteile von Tor und XMPP kombiniert nutzen, sind wir ganz anonym unterwegs.

***

---

[1] https://de.wikipedia.org/wiki/Xmpp

TL;DR

- anonym - was heißt das überhaupt?

- anonym und doch digital - wie passt das zusammen?

- ach, ich armer Tor - jetzt browse ich anonym wie nie zuvor

- nutz die Macht der Dezentralität: XMPP statt Identifikation durch Handynummer

Und jetzt?

Lasst uns alle ein wenig Anonymous werden!

A for Anarchy.

V for Vendetta.

and I for U all.

9.3 Mails, Mäßigung und die neue Mündigkeit

Nachdem ich mich im vergangenen Artikel über die Möglichkeiten möglichst anonym zu browsen und chatten ausgebreitet habe, beschäftige ich mich in diesem Artikel über weitere Möglichkeiten, möglichst unbehelligt zu kommunizieren.

Allerdings geht es jetzt nicht mehr primär darum, unter dem Radar der Überwacher zu fliegen - dazu ist E-Mail mit seinen Protokollen schlicht nicht geeignet - sondern es geht mir vielmehr um die Möglichkeiten einer geschützten Kommunikation, die den

Anforderungen des Artikels 10 unseres Grundgesetzes gerecht wird.

Anschließend mache ich noch einen thematischen Ausflug in das wundervolle Reich der Profilerstellung und wie wir dort möglichst ungestreift durchkommen.

Kryptisch, kryptisch

E-Mail Kommunikation sollte - ganz wie seinerzeit der gute alte Brief - vertraulich sein. Das ist zumindest meine Erwartungshaltung, wenn ich den Nachfoulger eines lang etablierten Kommunikationsmediums, an dessen statt mit gutem Gefühl einsetzen will. Ein Brief ist - so lange der ihn beinhaltende Umschlag ordentlich verschlossen ist - vertraulich. Nur mit einem gerüttelt Maß an krimineller Energie gelangt ein Unberechtigter in Besitz des so versiegelten Inhalts. Meiner Erwartung an die Brief-Nachfolgetechnologie E-Mail ist an dieser Stelle, dass eine ähnliche Sicherheit hier schon allein technisch gewährleistet wird.

Mitnichten, wie ich an dieser Stelle verdeutlichen will.

E-Mail und die ihm zugrunde liegenden Protokolle SMTP, IMAP, POP3 verfügen jedoch keineswegs über inhärente Sicherheitsmechanismen. Noch nicht einmal über das profane Versiegeln des Inhalts durch so etwas wie einen verschlossenen Umschlag.

Da uns jedoch Artikel 10 des Grundgesetzes eine private und vertrauliche Kommunikation zusichern - auch digital und das umfasst eben auch E-Mail - müssen wir uns an dieser Stelle in guter digitaler Selbstverteidigungs-Manier um unsere eigene Sicherheit und Vertraulichkeit bemühen.

E-Mail war, als dessen Protokolle entworfen wurden eben nicht für eine sichere und vertrauliche Kommunikation entworfen. Nun ja, wir sehen leider bei immer mehr Entwicklungen, dass dieser Trend „Privacy last", eher die Regel als die Ausnahme darstellt.

Drum greifen wir tapfer in unseren digitalen Werkzeugkasten und sorgen selbst für einen versiegelten Umschlag um unsere Mails. OpenPGP bietet als offener Verschlüsselungsstandard genau das Werkzeug, welches wir uns zum Schutz unserer Kommunikation gewünscht und auch bekommen haben.

Der einmalige initiale Aufwand um eine auf OpenPGP basierende Verschlüsselung unserer E-Mail Kommunikation einzurichten hält sich - gemessen am Nutzen den wir (und unsere Kommunikationspartner) daraus schöpfen - in sehr überschaubaren Grenzen.

Der Charme dieser Lösung liegt darin, dass alle gängingen Betriebssysteme - macOS, Linux und Windows - diesen Standard implementieren. Ebenfalls setzen auch alle in der Breite verfügbaren E-Mail Clients auf dieses Protokoll.

Was wir jetzt noch tun müssen, ist unsere Kommunikationspartner dahingehend zu impfen, dass diese auch den Schritt weg von der digitalen Postkarte zum versiegelten elektronischen Brief gehen. Denn verschlüsseln geht nur, wenn alle Seiten der digitalen Kommunikation mitmachen. Mit dem Einsatz von OpenPGP in unserer Mail-Kommunikation haben wir jetzt einen wirklichen Vorteil gegenüber der bisherigen freundlichen Schneckenpost: Die Nachricht ist nicht nur versiegelt, sondern auch wirklich verschlüsselt. Der Empfänger kann sicher sein, dass niemand außer ihm die vertraulichen Inhalte lesen kann. Bisher konnte der Empfänger eines klassischen Briefes nur sehen, ob sich jemand unerlaubt Zugriff auf den Inhalt verschafft hat. Das sehen wir jetzt auch mit Hilfe von OpenPGP. Aber wir können jetzt aufgrund der starken Verschlüsselung die hinter OpenPGP steht auch sicher sein, dass selbst wenn jemand die Kommunikation abfängt, dass er den Inhalt nicht lesen kann.

Mäßige dich, privatsphären-affiner Surfer

Ein weiteres Thema, welches uns zwar nicht unter den Radar der digitalen Datenräuber tauchen lässt, uns aber dennoch ein Plus an Freiheit bringt, ist Datensparsamkeit.

Wenn wir uns bewusst sind, dass alle Daten, welche die Datenkraken über uns in ihre gierigen Datenschlünde ziehen können zu unserem Nachteil gereicht, dann ist es nur logisch, dass wir möglichst wenig über uns preisgeben sollten.

Datensparsamkeit ist einfach das einfachste und effektivste Mittel, damit wir möglichst wenig Futter für Profilerstellung über uns an die Profilersteller im Internet geben. Dazu können wir parallel zwei Wege beschreiten.

Zum einen sollten wir aktiv stets überlegen, welche Daten für einen Dienst zur Erbringung seiner Dienstleistung notwendig sind. Wir sollten auch stets abwägen, ob ein Posting, ein hochgeladenes Bild oder ein Kommentar auf der unsozialen Plattform unserer Wahl - gut?

- hilfreich?

- freundlich?

ist. Ist die Antwort auf eine dieser Fragen ein *nein* (oder auch nur ein mäßiges *hmmnöö*), dann sollten wir tunlichst Abstand von unserem Post-Wunsch nehmen. To much information can kill you.

Und das gilt für beide Sichtweisen:

Zu viele Informationen über dich killen dich genauso wie zu viele Informationen von dir.

Den zweiten Weg zum Schutz vor zuviel preisgegebener Information ist der Einsatz von Adblockern, Tracking-Verhinderern und ähnlichen Schutzwerkzeugen wie uBlock Origin, Privacy Badger und NoScript.

Diese schützen uns vor der Datensammlung durch Datenkraken, die ganz ohne unser Zutun im Hintergrund unserer Surf-Aktionen stattfindet.

Die neue Mündigkeit

Mir kommt Kant in den Sinn mit seiner Antwort auf die Frage „Was ist Aufklärung?"

> *„Aufklärung ist der Ausgang des Menschen aus seiner selbst verschuldeten Unmündigkeit. Unmündigkeit ist das Unvermögen, sich seines Verstandes, ohne Leitung eines anderen zu bedienen. Selbstverschuldet ist diese Unmündigkeit, wenn die Ursache derselben nicht am Mangel des Verstandes, sondern der Entschließung und des Mutes liegt, sich seiner ohne Leitung eines anderen zu bedienen. Sapere aude! Habe Mut, dich deines eigenen Verstandes zu bedienen! ist also der Wahlspruch der Aufklärung. "*

Ich bin der Ansicht, dass wir eine neue Mündigkeit in Bezug auf unsere Daten, unsere Privatsphäre und unsere Freiheit erkämpfen müssen.

Wir müssen unseren Verstand einsetzen und erkennen, dass wir von unterschiedlichen Seiten unmündig gehalten werden. Wir müssen uns aus dieser Unmündigkeit befreien, indem wir verstehen, welche Rechte wir an unseren Daten, an unserer Privatsphäre haben. Wir müssen lernen, damit wir die Fähigkeiten entwickeln für unsere Freiheit und unsere Privatsphäre einzustehen. Dadurch werden wir datenmündige Bürger eines offenen und freien digitalen Raumes, welcher uns bereichert und Entwicklungsmöglichkeiten bietet anstatt uns zu überwachen und zu manipulieren.

***

TL;DR

- hinter Schloß und Siegel: Kryptisch, kryptisch

- verschwiegen: Mäßige dich, privatsphären-affiner Surfer

- erfahren sei der Mensch, frei und gut: Die neue Mündigkeit

Und jetzt?

Sei kantig, Mensch!

Selbstverteidige dich digital.

9.4 Wie weit will ich gehen?

Zum Abschluss meiner Off-the-Grid-Reihe beschäftige ich mich heute mit dem - mehr oder minder hypothetischen - Gedanken „Wie weit will ich gehen?".

Anders gefragt, wie weit Off-the-Grid will ich stehen - und ist dies in unserer Gesellschaft überhaupt möglich. Oder muss ich mir dann irgendwo in Zentral-Kanada eine Blockhütte bauen? (ach, Zentral-Kanada geht ja auch nicht - die sind ja eines der Five Eyes[1])

Also gut - theoretisiere ich mal los.

Leben ohne SIM?

Diese Überschrift übernehme ich ganz frech von Michael Schommer und Thomas Renger von No-Spy[2], wo ich auf der letzten No-Spy-Konferenz einen anstiftenden Vortrag mit genau diesem Thema gehört habe. Danke nochmals dafür!

Ja geht es denn in unserer durchgetakteten und vollvernetzten Gesellschaft überhaupt noch ohne SIM?

Ja - es geht. Ich praktiziere dies jedes Wochenende und es geht prima!

Wie Michael und Thomas in ihrem Vortrag gezeigt haben, geht es auch ganz gut anderntags. Moderne Smartphones lassen sich ohne SIM betreiben.

---

[1] https://en.wikipedia.org/wiki/Five_Eyes
[2] https://no-spy.org/ueber-uns/

Es setzt ein bisschen mehr Planung voraus - wo ist die nächste Freifunk[1]-Zelle, an der ich mich über ein offenes WLAN verbinden kann - aber es geht.

Nun, damit entgehen wir - ein wenig - der Vorratsdatenspeicherung und der Funkzellenauswertung. Ist ja schon mal was. Aber wie geht's weiter?

Pecunia non olet - Geld stinkt nicht

Da hat er immer noch recht, der Kaiser Vespasian.

Nutzen wir doch wieder Bargeld, dann entgehen wir den Überwachungen der Finanztransaktionen. Die NSA, ich erwähnte es bereits, überwacht weltweit Finanztransaktionen. Nicht nur Kreditkarten-Transaktionen, die weitgehend über die USA abgewickelt werden, sondern auch Banken und deren internationalen Zahlungsverkehr.

Also fallen wohl weitgehend elektronische Bankgeschäfte weg. Naja, hoffen wir auf Bitcoin.

Oder wir gehen zurück zum Naturaltausch. Ist dann sowieso einfacher in unserer Blockhütte auf Island.

Jeder ist ein Star

Könnte man meinen, wenn man durch deutsche Innenstädte geht.

---

[1] https://freifunk.net/

Zumindest dann, wenn man sich, sobald man vor einer Kamera steht, als Star bezeichnet.

Die Kameraüberwachung von staatlicher und auch privater Seite nimmt bei uns konstant zu. So können wir uns den Stand der Dinge schön vor Augen führen (es geht ja schließlich um Video-überwachung ;)), wenn wir uns das Projekt *Surveillance under Surveillance*[1] anschauen. Hier werden schön übersichtlich (auf einer auf OpenStreetMap basierenden Karte) die Standorte und weitere Detailinformationen von Überwachungskameras veran-schaulicht.

Aber was tun dagegen? Wir können uns ja schlecht gar nicht mehr auf die Straße wagen (geht ja schon nicht, weil wir ja auch keine Datenspuren im Internet durch ständige Online-Bestellungen hinterlassen wollen ... ach, Dilemma ...).

In der fantastischen Ausstellung *Global Censorship And Control* im ZKM in Karlsruhe waren einige Ideen zu diesem Thema gesammelt. Hilfreich ist da möglicherweise die Facial Weaponiza-tion von Zach Blas[2].

Smarten down your life

---

[1] https://kamba4.crux.uberspace.de/
[2] http://www.zachblas.info/works/facial-weaponization-suite/

Der zunehmenden versmartung unseres Lebens können wir dann auch keine Folge leisten, wenn wir uns unter dem Radar halten wollen.

„Smart"phones tracken uns dank WLAN, Bluetooth und GPS.

„Smart"-TVs überwachen uns durch eingebaute Kameras und Mikrofone, die stets dienstwillig unser Leben ausspähen und belauschen.

„Smart"meter kontrollieren unseren Stromverbrauch und geben ein wunderbares Profil ab, wann wir außer Haus sind - also quasi der Einbruchsmöglichkeitsmelder im eigenen Haus.

„Smarte" Heizungssteuerungen und Rauchmelder registrieren unsere sexuelle Aktivität - nicht nur im Schlafzimmer ;)

„Smarte" Matratzen kontrollieren unseren Schlaf - oder doch eher unseren Partner, wenn wir diesem nicht vertrauen?

„Smarte" Türschlösser sollen unser Heim schützen - oder doch eher dem technisch versierten Einbrecher dienlich sein? Denn so schlecht wie die Technik geschützt ist, kann man auch gleich den Schlüssel auf der Fußmatte liegen lassen[1]...

Daher meine Empfehlung: smarten down your life to smarten up your life quality.

---

[1]   https://threatpost.com/bluetooth-hack-leaves-many-smart-locks-iot-devices-vulnerable/119825

Verkehrte Welt

Autos sind das nächste Mittel der Überwachung.

Mal abgesehen davon, dass mittlerweile schon jeder dritte Klein-
wagen mit einem GPS-basierten Navigationssystem ausgestattet
ist, kommen noch ganz neue Möglichkeiten der Überwachung und
Bewegungsprofil-Erstellung auf uns zu.

War das cool, als wir uns mit einer Landkarte in der (Bei-
fahrer-)Hand (und ganz ohne GPS-gesteuerte Routenempfehlung)
verfahren haben und durch Umwege unsere Lebenserfahrung
bereichert haben - gänzlich ungesteuert und unbeobachtet.

Zukünftig werden wir in unserer automobilen Freiheit noch weiter
eingeschränkt.

Dank des von der Europäischen Union geplanten und ab 31. März
2018 in allen Neufahrzeugen verpflichtend eingebauten Notrufsys-
tems eCall werden wir alle noch ein wenig mehr in unserer
informationellen Selbstbestimmung eingeschränkt.

Ja, das System wird sicherlich Leben retten, weil Rettungskräfte
schneller am Unfallort sein können.

Aber dies ist keine Begründung für eine individualverkehrstechni-
sche Vollüberwachung.

Ich finde, wir haben das Recht darauf unüberwacht am Verkehrsgeschehen teilzunehem. Es ist einfach ein krasser Eingriff in die Selbstbestimmung meines Lebens - was meine informationelle Selbstbestimmung mit einschließt.

Immerhin gibt es dafür ja noch eine Lösung:

Holen wir uns halt einen Gebrauchtwagen, der noch nicht mit eCall ausgestattet ist.

Sind ja eh viel schöner, diese alten Autos.

Das Ende?

Keines Falls!

Einen Vollausstieg kriegen wir in unserer Gesellschaft nicht hin - es sei denn, wir ziehen in unsere Blockhütte auf Island.

Aber ich glaube auch nicht, dass wir das tun müssen.

Die Möglichkeiten, die uns die technischen Entwicklungen im Bereich Digitalisierung liefern, sind durchaus positiv - wenn wir diese kritisch begleiten. Wir dürfen uns nur nicht von den Versprechungen der technischen Bequemlichkeiten einlullen lassen und darüber unsere Freiheit und unsere Privatsphäre opfern.

Bleiben wir wachsam.

***

TL;DR

- Du SIMpel trackst mich nicht: Leben ohne SIM?

- Nur Bares ist Wahres: Pecunia non olet

- Die Augen der Welt sind auf dich gerichtet: Jeder ist ein Star

- Klug ist, wer selber denkt: Smarten down your life

- Automobile Überwachung: Verkehrte Welt

- Ab auf die Insel: Das Ende?

Und jetzt?

Kopf hoch - jetzt wissen wir, was wir tun können. Also tun wir was!

10. Digital Natives und Privatsphäre

10.1 Digital Natives haben es schwerer

In diesem Themenkomplex richte ich mein Augenmerk auf die unschuldigsten Opfer der Digitalisierung: Digital Natives.

Von den konsum- und datengeilen Internetkonzernen als die wahren Zauberer und Hexen eines digitalen Miteinanders hochstilisiert, neben denen die „Muggel" der digitalen Moderne bestenfalls als kurzfristige Besucher geduldet sind.

Sind diese in meinen Augen doch eher die größten Verlierer dieser Entwicklung, die mit einem Break-Neck-Pace über uns hinwegrollt und uns - wenn wir nicht achtgeben - als Kollateralschaden auf dem Standstreifen des Digital Highways zurücklässt.

Aber betrachten wir doch heute näher, warum ich der Ansicht bin, dass es Digital Natives schwerer haben.

There Is No Such Thing as a Digital Native

Liebe vermeintlich digital Eingeborene - es tut mir leid, es gibt euch nicht.

Nun, wie komme ich auf diese unerhörte Aussage?

Zum einen ist es nicht meine Aussage.

Alexander Markowetz erläutert in seinem Buch „Digitaler Burn-out" ausführlich, warum es keine Digital Natives gibt.

Es liegt zum einen daran, dass niemand mit den Fähigkeiten zu digitaler Kommunikation geboren wird.

Von daher ist der Begriff schon falsch gewählt. Eingeboren beinhaltet eben wesentlich die Tatsache, dass jemand mit der so bezeichneten Eigenschaft bereits geboren wird.

Digitale Kommunikation ist eine erlernte Fähigkeit, keine angeborene.

Was die auf diese Weise falsch betitelten digitalen Eingeborenen aufweisen, ist die Tatsache, dass sie sehr früh mit digitaler Kommunikation in Kontakt treten - nicht unbedingt zu ihrem Vorteil, wie ich finde.

Kinder lernen zunächst durch Imitation der Verhaltensweisen, die sie bei Älteren sehen.

Daher sollten wir mit unserer Kritik an den „unmöglichen" Verhaltensweisen unserer Kinder hinsichtlich ihrer Mediennutzung sehr zurückhaltend sein.

Denn die Grundlagen dieses „unmöglichen" Verhaltens haben sie von uns, ihren Vorbildern, gelernt.

Wenn jetzt dieser - teils selbstgewählten - Gruppe jetzt so ein Stempel von außen aufgedrückt wird, ist das schon per se schwierig. Stellt sich dieser Stempel auch noch als ein solches Leergeschäft heraus, dann wird es noch deutlich bitterer.

Daher halte diesen Schwindel, der aus purer Profitgier der Datenkraken in die Welt gesetzt wurde, für einen der Gründe, warum es Digital Natives schwerer haben.

Das einzige, was Bestand hat, ist der Wandel

Ein weiterer Grund, warum es die Digital Natives (ich weiß, ich weiß - minutenlang hacke ich auf dem Begriff herum und belege, warum er falsch gewählt ist - und dann nutze ich ihn selber. Ja, jetzt bleiben wir mal die nächsten vier Wochen dabei, dann brauchen wir uns nicht auf ein neues Wording festbeißen) schwerer haben als wir „Muggel" der Digitalisierung, ist der beständige Wandel.

Nichts ist von Dauer, das Wissen seit dem zwölf Jahre dauernden tausendjährigen Reich und der Atomausstieg, der ewig währt.

Wir „Muggel" haben gelernt damit umzugehen.

Wir „Muggel" sind es gewohnt, vom Tempo zum Softie, von der Schallplatte zur Kassette zur CD und weiter zum holografischen Quantenspeicher zu wechseln.

Die Zauberer und Hexen der virtuellen Welt haben es nicht gelernt.

Aber sie werden es lernen. Schmerzhaft.

Alvin Toffler hat bereits in den 1970er Jahren in seinem Buch „Der Zukunftsschock" einen beständigen revolutionären Wandel in der Computertechnologie prognostiziert. Alexander Markowetz hat dies für die Digital Natives extrapoliert und gezeigt, dass ein Digital Native bis zu seinem 60. Geburtstag mindestens zwölf solcher Revolutionen durchleiden wird. Dies liegt daran, dass wir etwa alle fünf Jahre eine technische Umwälzung erleben werden. Diese Umwälzung wird alles, was wir uns mühsam an technologischen Fertigkeiten erarbeitet haben, ad obsoletum führen.

Wir „Muggel" sind darauf vorbereitet - die Zauberer und Hexen wird es vollkommen unvorbereitet treffen.

Ihr habt mein Mitgefühl, Digital Natives.

Eure Jobs hängen am seidenen social-Media-Faden

Algorithmen sind zum kotzen.

Auf jeden Fall dann, wenn sie uns die Karriere versauen.

Und das tun sie bereits, denn im Land der unbegrenzten Unmöglichkeiten werden Bewerber für einen Job schon im Vorfeld von Algorithmen vorselektiert, welche soziale Medien nach Stichworten (mir fällt in diesem Zusammenhang mit den „Selektoren" der Terrorhatz auf) durchsuchen, um die Hintergründe des hoffnungsfrohen Bewerbers zu durchleuchten.

Da diese Algorithmen sich immer stärker als „biased" und häufig rassistisch herausstellen, werden die informationsliefernden Medien zunehmend unsozialer.

Und Deutschland wird an dieser Stelle nachziehen.

Natürlich ist es vollkommen illegal, die Bewerber in Facebook oder Xing zu durchleuchten - aber wer soll es schon überprüfen, rügen und verhindern?

Ich finde es mehr als befremdlich, dass Menschen nicht einfach mehr machen können, was sie machen wollen, weil sie immer die Befürchtung haben müssen, dass es auf irgendeinem Weg in die unsozialen Medien wandert und dort dann von Algorithmen zur Bewerbervorauswahl herangezogen wird.

Lost in transit

Ähnlich verloren wie ich mich im Stuttgarter Nahverkehrs-Chaos fühle, muss sich ein Digital Native im Dschungel der digitalen Kommunikation vorkommen.

War Kommunikation in der guten alten Zeit noch klar strukturiert und unterteilt

- Briefe für lange und langsame Gedankenaustausche

- Postkarten für den bunten Urlaubsgruß

- Eine klar strukturierte E-Mail (wenn es einmal eiliger ist)

- Telefonate für die schnelle Abstimmung

- persönliche Treffen für alles wirklich wichtige

So ist heutzutage eine technologische Verwirrung von geradezu babylonischem Ausmaß

- Meld ich mich jetzt per WhatsApp?

- Poste ich meinen Gruß aus dem Urlaub auf meiner Timeline oder auf derjenigen meines Kumpels, dem ich einen Urlaubsgruß schicken will?

- Sammel ich meine Fotos bei Instagram oder lieber bei Pinterest?

- Und sind meine Eltern jetzt auch schon bei SnapChat?

- Und was überhaupt mach ich mit Pokemon-Go?

Ach, irgendwie geht jetzt bei allem alles und die etablierten Technologien sind ja auch noch da ...

Die Multi-Options-Gesellschaft ist Fluch - nicht Segen. Diese Folgerung wiederhole ich nur - sie ist zwar meine eigene Erfahrung, aber nachgewiesen hat dies der Soziologe Peter Gross[1].

Zuviel Auswahl macht unglücklich und führt gewissermaßen zu einer Entscheidungsstarre.

Alles und noch viel mehr davon

---

[1] http://www.petergross.ch/vita/

Digitaler Burnout S. 109

Auch an anderer Stelle schenke ich den Digital Natives mein Mitgefühl.

Wir „Muggel" mussten unsere Musik noch händisch aussuchen. Für unterwegs gab es bestenfalls ein Mix-Tape mit unseren Lieblingsliedern.

Filme haben wir im Fernsehen gesehen, sind in die Videothek oder ins Kino gegangen.

Bücher haben wir gekauft oder uns aus der Bibliothek ausgeliehen.

Alles in begrenztem und überschaubaren Umfang.

Und dann kamen Streaming-Dienste mit ihren Flatrate-Angeboten ...

Plötzlich war alles und noch viel mehr immer und im Überfluss vorhanden.

Sozusagen das multimediale Schlaraffenland!

Ein Traum!

Oder vielleicht eher Albtraum?

Zuviel Auswahl führt oft zum genauen Gegenteil von Glück und Zufriedenheit.

Anstatt glücklich über die schier endlose Auswahl zu sein, werden wir mit zunehmender Anzahl an Möglichkeiten immer unzufriedener. Denn wir erkennen nicht mehr positiv an, was wir gesehen haben. Sondern wir registrieren nur noch negativ, was wir alles verpasst haben.

Der amerikanische Psychologe Barry Schwarz belegt dies in seinem Essay *The Tyranny of Choice*[1].

Deswegen, lasst ab von den Infinity-Apps und beschränkt euch auf wirklich persönliche Empfehlungen und Erfahrungen.

***

TL;DR

- Digital Native - das unmögliche Wesen: There is no such thing as a Digital Native

- Ch-ch-ch-changes: Das Einzige was Bestand hat, ist der Wandel

- Wir wissen, was du vor zehn Jahren gemacht hast: Eure Jobs hängen am seidenen social-Media-Faden

- Womit sag ich's meinem Kumpel: Lost in transit

- Ich will alles: Alles, sofort und noch viel mehr davon

Puh, ein schwerer Brocken - aber nicht verzagen, sondern frohlocken!

---

[1] http://www.swarthmore.edu/SocSci/bschwar1/Sci.Amer.pdf

Was uns rettet ist weniger von allem.

Fangen wir an - machen wir mal wieder einfach weniger.

10.2 Digital Natives kennen sich doch eh besser aus, oder?

Über die Digital Natives zu schreiben ist ein bisschen so, wie über die Steinlaus (Petrophaga lorioti) zu schreiben. Beide gibt es nicht, dennoch sind sie in aller Munde.

Daher mache ich mir in diesem Artikel Gedanken darüber, ob sich Digital Natives jetzt in der wilden Welt der Virtualität besser auskennen als wir Muggel - oder ob dies nicht vielleicht ein Trugschluss ist.

Digital Natives sind schnelle Anwender

Das sind sie wirklich.

Da bekomme ich schon ein mentales Schleudertrauma, wenn ich in der Straßenbahn mal bei einem Digital Native shoulder-surfe, der gerade sein nächstes Pokemon jagt oder in fingerbrecherischer Geschwindigkeit durch sein WhatsApp-Adressbuch durchchattet.

Aber ist Geschwindigkeit ein Maßstab für einen Einblick in die Materie, die mit der Digitalisierung einhergeht?

Ich glaube nicht.

227

Mir fällt dazu immer Josy, die freundliche Schildkröte von Sascha Grammel, ein.

Josy, die einen Nebenjob als biologischer Geldautomat hat und den Weltrekord im Schnellrechnen innehält.

Josy rechnet zwar unschlagbar schnell - aber falsch.

Und ähnlich scheinen mir Digital Natives an ihre digitalen Herausforderungen heranzugehen:

Auf jeden Fall sehr schnell (und mitunter ... unsicher)

Die Fingerfertigkeit der Digital Natives reicht an diejenige der nordfriesischen Jungfrauen beim krabbenpuhlen heran. Allerdings erkenne ich bei Digital Natives weniger profundes Hintergrundwissen, was das Ziel der Fingerfertigkeit angeht.

Die nordfriesische Jungfrau kennt ihre Krabbe mit Vor- und Zunamen. Der Digital Native kennt nur die App, die gerade Opfer seiner Fingerfertigkeit ist.

Ich gebe neidlos zu, Digital Natives sind bis in das letzte Fingerglied durchtrainierte Anwender und können die App sicher schneller und gekonnter bedienen als der Entwickler dieser Anwendung.

Aber das ist keine Fertigkeit, die den Digital Natives einen Vorteil vor uns Muggeln verschafft.

Auf die Anwendung eines Werkzeugs kann jeder aus dem Winterschlaf erwachte Ameisenbär geschult werden.

Werkzeuge bedienen konnten auch unsere Vorfahren aus der Jungsteinzeit schon, das ist kein großer evolutionärer Sprung.

Aber die Herstellung eines Faustkeils - oder das Wissen, warum wir unsere Daten schützen sollten - das sind die kleinen Vorteile, die uns vor Säbelzahntiger und Datenkrake schützen.

Digital Natives sind die Spitze der technologischen Entwicklung - für die nächsten fünf Jahre.

Digital Natives wurden (bisher) noch nicht mit revolutionären Umwälzungen konfrontiert.

Für sie gab es „schon immer" Smartphones und das Internet. Sie kennen keine Welt ohne diese technischen Spielereien.

Wir Muggel hingegen sind schon durch einige - zugegebenermaßen nicht so gesellschaftsdurchdringende - Täler der Tränen der neuen Entwicklungen gegangen. Wir haben Leid und Lust neuer Erfindungen (das erste E-Netz Handy war auch Schock und Segen) schon mehrfach durchlebt. Von daher sind wir langsam (aber sicher) an derartige gesellschaftliche Auswirkungen technologischer Entwicklungen herangeführt worden.

Digital Natives erwischt diese technische Revolution gänzlich unvorbereitet.

Umwälzungen, Neuentwicklungen, der nächste heiße Scheiß kommen immer - und zusätzlich immer schneller. Was sich bislang in Zeiträumen von Generationen oder Jahrzehnten abgespielt hat, erleben wir mittlerweile schon innerhalb von fünf Jahren - und zukünftig werden diese Sprünge noch schneller stattfinden.

Eine zusätzliche Auswirkung dieser engen Bindung, die ein Digital Native mit dem Smartphone seines Herzens eingeht, ist das erlebte Leid bei Entzug desselben. Sei es durch den zunehmenden Energiehunger dieser unersättlichen Daten- und Zeitfresser. Da ist das wachsende Angebot von Ladestationen in Elektronikmärkten oder Café-Ketten schon eher mit dem Anfixen durch „kostenlose" Drogenproben zu vergleichen, als mit einem kundenfreundlichen Servicegedanken. Oder der als gewaltsam betrachteten Trennung eines Smartphone-Junkies von seinem Drogenbesteck durch Lehrer oder unverständige Chefs. Da halte ich Auswüchse in der Form, dass Lehrer Verständnis für whatsAppende Schüler im Unterricht zeigen eher für unverständlich. Ich hab zu meiner Zeit auch eine auf den Stecker bekommen, wenn ich im Unterricht gepennt habe oder Batman-Comics gelesen habe.

Was kümmerts den Digital Native schon

Unbekümmert und lebensfroh - oder doch eher desinteressiert und gleichgültig?

Meiner Erfahrung nach zeigt der Digital Native eher wenig Interesse für die Hintergründe seiner glücklich datenversorgten Lage.

Hier findet keine Reflexion statt, wie es denn möglich ist, dass ihm ein weltumspannendes, gesellschaftsdurchdringendes und gleichwohl -erschütterndes Netzwerk zur Verfügung gestellt wird - for free! Hier steht kein Fragezeichen auf den Gesichtern gemalt, wer die tausenden Server, Datenbanken, Hochleistungsrechenzentren und Entwicklung dahinter bezahlt.

Keiner von den mir bekannten Digital Natives ist bereit, Geld für Wissen, Daten, Dienste im virtuellen Raum in die Hand zu nehmen. Die Smartphones sind mit dem Handyvertrag bezahlt - da fallen auch keine offensichtlichen Kosten auf (aber an).

Welche Auswirkungen diese Kostenlos-Mentalität auf die Privatsphäre hat, auf soziale (Un-)Gerechtigkeit und die Umwelt - in dieser Hinsicht scheint der Geist der Digital Natives eher zen-artig zu sein: ein leeres Blatt.

Ich habe inzwischen schon häufig erfahren, dass Themen wie Umweltverschmutzung (durch die schädliche Gewinnung Seltener Erden für die Produktion von Smartphones) oder die Ausbeutung durch Kinderarbeit (bei der Förderung von „unfairem", weil konfliktbehaftetem Gold) überhaupt nicht auf dem sozialen Schirm auftauchen - obwohl die Digital Natives so social-media-versiert sind.

Auch was Privatsphäre angeht glänzen die Digital Natives eher mit einem post-privacy durchtränkten „Ich habe doch nichts zu verbergen!" - anstatt sich mit dem Gedanken zu beschäftigen, dass auch diese Generation sehr wohl etwas zu verbergen hat!

Aber Sting hat wohl recht, wenn er sein *History Will Teach Us Nothing* singt.

Da haben wir (also so gesellschaftlich gesprochen - denn, um es mit dem Immigration-Questionnaire unserer transatlantischen Freunde zu sagen, ich habe nicht am Holocaust teilgenommen) schon zwei totalitäre Regime überstanden und mit Heulen und Zähneknirschen geschworen, dass so etwas (ich ziele hier gerade auf den Überwachungsteil der Regimes ab) nie wieder vorkommen darf. Und was machen die Digital Natives? Mit fröhlichem Fingerstreich geben sie auch noch das letzte Datum ihrer Privatsphäre den großen (und kleinen) Datenkraken preis. Freiwillig. Ihren Eltern würden sie höchstens unter Androhung von Foltermethoden (welche noch nicht einmal die CIA befürworten würde) erzählen, was sie in der Schule erlebt haben. Aber auf Facebook posaunen sie alles freiwillig heraus!

Seufz. Ich versteh sie nicht diese Digital Natives.

Und sonst noch?

Auch einen Überblick über Alternativen zu haben ist ein wesentliches Merkmal, eine Technologie durchdrungen zu haben.

Leider ist an dieser Stelle auch kein Blumentopf zu gewinnen für unsere digital nativen Power-User. Sie kennen jeden neuen Hype. Springen schneller auf den Pokemon Go-Zug auf, als Team Rocket „Das war ein Schuss in den Ofen!" brüllen kann. Aber das Einzige, was hier zählt, ist Mainstream zu sein.

Möglicherweise haben die DNs an dieser Stelle einmal zu viel (und zu falsch!) auf Albert „Einstein gehört:

> *„Um ein tadelloses Mitglied einer Schafherde sein zu können, muss man vor allem ein Schaf sein."*

Dabei war es - zumindest zu meiner Zeit als pubertierender Jugendlicher - noch ein herausragendes Merkmal *gerade nicht* Mainstream zu sein. Wir haben uns nach Kräften bemüht, anders zu sein als alle.

Zugegeben, auch das ist nicht der Weisheit letzter Schluss. Sind wir doch in unserem Drang nach Individualität „Wir sind alle Individuen"-brüllend („Ich nicht!") letztlich auch oft genug der heiligen Sandale hinterher gelatscht. Andere Musik zu hören, andere Filme zu schauen, anders auszusehen. Aber heute - so ist mei Empfinden - machen alle DN *genau das Gleiche*. Alle sind bei Facebook. Alle nutzen WhatsApp. Oder SnapChat.

Keiner schaut sich nach Alternativen um. Das ist ja alles sooo schwierig. Bei Signal ist ja keiner. Bei diaspora* ist man so allein. Das macht das Leben spannend :) Nicht ob ich 3873 „Freunde" bei Facebook oder in meinem WhatsApp-Adressbuch hab. Ich will mit meinen fünf Kumpels quatschen, nicht mit der ganzen Welt. Es nicht wichtig, es wie alle anderen zu machen. Es ist auch nicht wichtig, es anders als alle anderen zu machen. Das Mindset ist wichtig.

Es ist wichtig, es aus eigener Überzeugung zu tun. Darauf kommt es an.

***

TL;DR

- schnell! aber falsch! - Digital Natives sind schnelle Anwender

- langsam - aber sicher :)

- Überrollt von der technischen Revolution - Digital Natives sind die Spitze der technologischen Entwicklung - für die nächsten fünf Jahre

- The Generation of Indifference - Was kümmerts den Digital Native schon

- Schafe blicken auf - Und sonst noch?

Und jetzt?

Macht was - anders!

10.3 Digital Natives auf Stellensuche

Nunja, früher war nicht *alles* besser.

Aber zumindest hatten wir Jugendliche noch eine berechtigte Chance auf einen Ausbildungs- oder Arbeitsplatz trotz unseres nicht gerade karriereförderlichen Lebenswandels.

Zum einen haben wir selbst nicht haarklein unsere diversen jugendlichen Verfehlungen medienwirksam aufbereitet und der halben Welt zur Verfügung gestellt. Andererseits hatten potenzielle Arbeitgeber noch keine Möglichkeit, diese nicht dokumentierten Verfehlungen zu finden und im Bewerbungsprozess gegen uns zu verwenden.

Aber heute ist das anders.

Dein Leben als res publica

Ich stelle einen krassen Wandel in der Bewertung von Privatsphäre fest. War es für mich früher noch undenkbar alle meine Ideen und Gedanken öffentlich zu machen. So ist dies heutzutage Normalität. Digital Natives tragen nicht nur ihre Haut zu Markte. Nein, sie legen auch ihre Gedanken, Gefühle und alle verfügbaren Beziehungsgeflechte dazu. Es wird einfach als normal angenommen alles über sein eigenes Leben preiszugeben. Auch die Motivation aus der heraus Digital Natives dies tun, ist eher zweitrangig. Zu allen Zeiten sind Jugendliche unreflektiert Trends hinterhergelaufen. Das ist sicherlich zum Jugendlich-Sein dazu. Allerdings sind die Auswirkungen dieser prä-adoleszenten Probeläufe wesentlich anhänglicher als diese früher waren.

Das Netz ist nicht auf Vergessen ausgerichtet. Es bleibt alles gespeichert. Die Frage ist nicht, ob etwas gefunden wird, sondern wann. Und wann ist meist der Zeitpunkt, der am ungünstigsten für den Datenlieferanten ist.

Die Gedanken sind frei

Jugendliche - und dazu zählen die meisten Vertreter der Gruppe der Digital Natives - haben die Tendenz die Welt als ihren Laufsteg zu betrachten. Recht so - das ist das Privileg der Jugend, wir waren zu unserer Zeit genauso. Nur ist dieser Laufsteg jetzt gnadenloser geworden, denn er vergisst keinen Fehltritt - und verzeiht ihn noch weniger. Jugendliche sollen auch unbedingt in diesem Modus weiterleben, es ist ein wesentlicher Bestandteil ihrer Entwicklung. Die Gedanken sind frei und der freie Ausdruck derselben muss unbedingt erhalten bleiben. Es darf nicht sein, dass nur aufgrund der technischen Speichermöglichkeiten und datentechnischen Auswertungstechnologien alle jugendlich-unbedachten Äußerungen auf alle Ewigkeit gespeichert und bei der für den Digital Native unpassendsten Gelegenheit aus dem digitalen Sumpf gezogen und gegen ihn verwendet werden.

Darum rufen wir uns Clemens Brentano und Achim von Arnim wieder in unser Gedächtnis und singen leise vor uns her:

„Ja fesselt man mich
Im finsteren Kerker,
So sind doch das nur
Vergebliche Werke.
Denn meine Gedanken
Zerreißen die Schranken
Und Mauern entzwei:
Die Gedanken sind frei. "

So ist der Kerker heute zwar ein Speicherplatz auf einem Server - aber die Gedanken sind dort Speicherlebenslänglich gefangen.

The past is irrelevant - es geht um deine Zukunft, Digital Native!

In unserem Heulen und Zähneknirschen über die furchtbaren Auswirkungen von Digitalisierung und Big Data richten wir unseren Blick in die falsche Richtung.

Es geht den algorithmischen Auswertern nicht um die Verfehlungen des datentechnisch durchleuchteten Digital Native. Ziel der Big Data-gestützten Auswertung ist eine Prognose des zukünftigen Verhaltens eines potenziellen Mitarbeiters.

Wir überschätzen die Wichtigkeit unserer unbedachten Kommentare. Wir werten die Wirkung unserer peinlichen Party-Fotos viel zu hoch. Wir rechnen den damals als politisch brisant gewerteten Links, die wir weitergeleitet haben zuviel Gewicht bei.

Darum geht es den algorithmischen Personalauswählern nicht. Daran haben sie überhaupt kein Interesse. Niemand schaut sich die 2597 Fotos an, die der Digital Native Jahr für Jahr in seinem unsozialen Netzwerk gepostet hat - noch nicht einmal er selbst. Kein Algorithmus wertet die Kommentare aus, die er in seiner Timeline (und der seiner 3587 „Freunde") hinterlassen hat.

Es geht den Algorithmen einzig um eine Prognose, die sich aus dem Profil des Digital Natives ergibt. Das Profil - zugegebenermaßen - wird aus der Tendenz seiner Fotos, Kommentare und Links erstellt.

Das Tragische an dieser algorithmischen Filterung ist darüber hinaus die Tatsache, dass wir nicht mitbekommen das so ein Profil von uns erstellt wird. Wir haben auch keinen Einblick darin, nach welchen Kriterien der Algorithmus uns filtert.

Das Vorgehen der Datenkraken ist das genaue Gegenteil der Transparenz, die von Internetkonzernen wie Google oder Facebook werbewirksam nach außen plakatiert wird. Diese Datensammler wollen keine Transparenz - sie wollen gläserne Datenlieferanten, die freiwillig ihr Leben als Datenmienen im Besitz des einen oder anderen Internetkonzern fristen.

Digitale Hygiene

Wohin damit? Immer fallen sie einem vor die Füße, die Auswirkungen der Daten die wir so acht- und sinnlos in den virtuellen Raum gepostet haben.

Was fort ist, ist fort. Ein gesprochenes Wort kann auch nicht zurückgenommen werden.

Über die bereits veröffentlichten Kommentare und Fotos brauchen wir uns keine schlaflosen Nächte mehr machen. Schauen wir nach vorn und überlegen, was wir tun können. Und die Möglichkeiten sind Legion!

Beginnen wir zunächst mit dem ersten Schritt unserer digitalen Hygiene:

Datensparsamkeit.

Was wir nicht ausplaudern, kann uns auch nicht vor die Füße fallen.

Ich widerspreche hier Eric Schmidt mit seiner entsetzlichen Philosophie „Wenn es etwas gibt, von dem Sie nicht wollen, dass es irgendjemand erfährt, sollten Sie es vielleicht ohnehin nicht tun." indem ich sage „Tu was du willst, aber posaune es nicht überall herum." Das klingt nämlich vielmehr nach „Ein Gentleman genießt und schweigt".

Ich folge hier eher dem Auryn „Tu, was du willst" und ergänze es um „... und halt die Klappe!"

Wir können wirklich alles tun, aber wir sollten uns durch drei einfache Fragen selbst prüfen, ob wir alles öffentlich machen sollten. Damit helfen wir uns und allen anderen. Denn wenn wir unsere Abenteuer nach dem 3-Fragen-Konzept veröffentlichen, erhöhen wir die Qualität unseres digitalen Outputs und reduzieren den Datenmüll, mit dem wir ansonsten das globale digitale Dorf verschmutzen.

Fragen wir uns vor jedem Post:

- Ist es hilfreich?

- Ist es gut?

- Ist es freundlich?

Schock deine Suchmaschine - vernebel deine Anfragen

Ein anderes Mittel, um die Erstellung eines Profils über uns zu erschweren ist der Einsatz von TrackMeNot[1]. TrackMeNot erzeugt einen Nebel aus zufälligen Anfragen an verschiedene Suchmaschinen, ganz automatisch während wir uns im Internet tummeln. Damit erzeugen wir ein gewisses Datenrauschen, mit dem wir es

---

[1] https://cs.nyu.edu/trackmenot/

den Datenkraken erschweren, unsere wahren Absichten zu erkennen. Damit sind wir gewissermaßen die Daten-Tintenfische im Kampf gegen die Datenkraken.

Diese technische Hilfsmaßnahme ist nur ein zusätzlicher Schutz - wir dürfen uns niemals allein auf technische Maßnahmen verlassen. Wir müssen einen Wandel in unserem Bewusstsein über unseren Umgang mit unseren Daten erreichen.

Das Bewusstsein, dass alle Daten die wir in irgendeiner Form aus unserer Hand geben irgendwann zu uns zurückkehren - oft nicht in der gewünschten Form, muss uns ein grundlegender Leitgedanke werden. Dann können wir in datensparsamer Form entspannt und gut mit unserer digitalen Kommunikation umgehen.

***

TL;DR

- Öffentlichkeitsarbeit - Dein Leben als res publica

- Sei wild, sei frei - Die Gedanken sind frei

- Gone is Gone, Prognose ist das Ziel - Es geht um deine Zukunft, Digital Native

- Clean your stuff - Digitale Hygiene

- Im Nebel - Schock deine Suchmaschine - vernebel deine Anfragen

Und jetzt?

Gib dich der Freiheit hin - aber mit Sinn und Verstand

10.4 Digital Native oder Digital Naïve?

Zum Abschluss meiner Reihe über die Digital Natives will ich mir nochmals Gedanken über die Nomenklatur dieser Gruppe machen.

Am Anfang der Reihe habe ich meine Gründe genannt, warum ich denke, dass es Digital Natives überhaupt nicht gibt. Heute will ich dies aus einem anderen Blickwinkel betrachten.

Vielleicht hat sich ja im betrachteten Begriff nur ein zusätzlicher Buchstabe eingeschlichen?

Streichen wir das „t" aus dem Native und wir erhalten einen Naive.

Schauen wir uns die Wortbedeutung von *naiv*[1] an:

Da heißt es

> *„Allgemeinen werden Menschen als naiv bezeichnet, die Umstände und Handlungen nicht angemessen bewerten können."*

Darüber hinaus gibt es noch einen sprachlichen Back-Link zu „nativ"... also, alles gut!

---

[1] https://de.wikipedia.org/wiki/Naivit%C3%A4t

Von daher ist es also gar nichts Abwertendes, wenn ich unsere aufstrebenden Digitalkommunizierer als naiv bezeichne. Sie können eben die Umstände und ihre Handlungen nicht angemessen bewerten.

Das ist auch einfach kein Wunder. Wer kann das schon? Wer nimmt sich die Zeit, technisch auf dem Laufenden zu bleiben und zusätzlich die Hintergründe zu beleuchten, wie ein neuer Messenger arbeitet oder worin die Tücke im Tracking steckt?

Wenige haben den technischen Hintergrund, um dies zu verstehen.

Und noch viel weniger nehmen sich diese Zeit.

Von daher ist auch keine Schande ein Digital Naiv zu sein.

Wir sollten als Digital Na(t)ive nur nicht den Fehler begehen, versiertes Anwenden mit Verständis zu verwechseln.

Naiv - weil uninformiert

Ein großes Problem sehe ich in der schieren Überforderung, mit der sich der Digital Naive gegenüber sieht. Plötzlich und ganz ohne Präzedenz stürzen neue Möglichkeiten der Kommunikation und Interaktion auf den jungen Menschen ein.

Dazu kommt auch noch der immense Druck der Peer Group hinzu, die schon mit Vehemenz die wundervollen neuen Technologien in allem Detailgrad (aber in erschreckender Unkenntnis) nutzt. Obenauf kommt noch der unglückliche Zustand, dass augenscheinlich jegliche Kommunikation nur noch über den neuesten gehypten Kanal läuft. Plötzlich scheinen alle bisher vorhandenen und etablierten Kanäle wie Telefon, E-Mail oder persönliche Gespräche in Vergessenheit geraten sind.

In diese undurchsichtige Situation taucht nun der aspirierende Digital Naive ein und versucht sich in der Gruppe zurechtzufinden.

Wohl verständlich, dass wenig Zeit und Energie aufgebracht werden kann, um die geforderten Technologien zu durchdringen - abgesehen davon, was notwendig ist, um ein wohl dressierter Anwender der Technologie zu werden. Ganz zu schweigen davon, dass die Risiken und Nebenwirkungen bewertet und endsprechende Alternativen gesucht werden.

Deswegen habe ich durchaus Mitgefühl mit den Digital Naives. Sie sind schlicht überfordert von der hohen Geschwindigkeit, mit der wir mit neuen Technologien geradezu überflutet werden.

Eine große Schuld an dieser Situation sehe ich bei den Internetkonzernen und Herstellern dieser Anwendungen. Hier besteht aus guten Gründen der besseren Datensammelei profitgemäß kein gesteigertes Interesse daran, die Nutzer über die Hinter- und datentechnischen Abgründe der vermarkteten Technologie aufzuklären.

Welche Wege stehen dem Digital Naive in dieser Lage nun offen?

Er kann in seiner Naivität aufgehen und seine Freiheit und Privatsphäre auf dem Altar der nächsten gehypten Technologie opfern.

Oder er kann sich aus seiner selbst verschuldeten Naivität erheben und sich aufschlauen.

Ich halte diesen Weg für den besseren und deutlich nachhaltigeren. Es ist auch nicht schwierig. Es bedeutet nicht, ein voll ausgebildeter Informatiker zu werden. Ganz im Gegenteil - ein bisschen gesunder Menschenverstand, einige betriebswirtschaftliche Einblicke und vor allem ein starkes Rückgrat welches einen davor bewahrt unreflektiert jedem Hype hinterherzurennen - dies reicht, um von den neuen Technologien zu profitieren, ohne davon ausgenommen zu werden. Schon wird aus dem Digital Naiv ein Digital Dissident - informiert und selbstbewusst.

Naiv - weil uninteressiert

Schlimmer noch als uninformiert zu sein ist meiner Ansicht nach Desinteresse.

Wo Uninformiertheit durch neue Erkenntnisse überwunden werden kann, bedarf es bei Desinteresse eines klaren Einstellungswechsels des Digital Naive.

Desinteresse zeigt sich in zwei Ausprägungen:

Zum einen in der Einstellung „Mir ist es egal was alle anderen über mich wissen."

Dieser eklatante Mangel an Bewusstsein über die Wichtigkeit der Privatsphäre führt jedoch sehr schnell zu sehr großen Angriffsflächen für Manipulation über personalisierte Werbung. Darüber hinaus vernachlässigen wir durch diese Sichtweise die Wichtigkeit unserer Privatsphäre hinsichtlich der Ausbildung unserer Persönlichkeit und der Abgrenzung zu anderen. Abgrenzung bedeutet hierbei jedoch nicht, dass wir uns nicht mit der Gesellschaft in der wir leben auseinandersetzen. Abgrenzung ist gerade dafür eine essenzielle Grundlage. Denn wenn wir nicht wissen, wer wir sind, können wir auch kein Leben in Gesellschaft führen. Ansonsten ist nämlich alles ein undifferenzierter Brei.

Die andere Ausprägung ist mein liebstes Un-Argument: „Ich habe ja nichts zu verbergen."

Diese Aussage kommt meiner Ansicht nach immer stets reflexartig und vollkommen unreflektiert.

Möglicherweise zeugt diese Aussage auch von dem sicheren Gefühl, in einem freien und toleranten Land zu leben - das würde mich freuen.

Allerdings basiert gerade unsere freie und tolerante Gesellschaft auf eben dieser Geheimhaltung ganz privater Dinge. So etwas Banales wie geheime Wahlen beispielsweise.

Ohne geheime Wahlen würden wir in einem totalitären Regime leben.

Grundlegender geht es meiner Meinung nach nicht, was den Schutz der Privatsphäre angeht.

Und von unseren anderen unbedeutenden Geheimnissen wie der PIN unserer EC-Karte oder dem Passwort zu unserem Facebook-Account mal ganz abgesehen.

Desinteresse hat noch einen weiteren dunklen Punkt.

Warum werden denn die ganzen gehypten Apps und Dienste nicht wenigstens ein wenig hinterfragt?

Macht sich denn wirklich keiner der Digital Naives auch nur einen Gedanken darüber, was die Anbieter all dieser tollen, „kosten-losen" Dienste denn von uns wollen?

Woran liegt es, dass solche Hypes wie z.B. Pokemon Go entstehen und der unbedarfte Digital Naive diesen Datenkraken seine Daten hinterherwirft?

Ich kann mir dies nur so erklären, dass der Nutzer einfach kein Interesse daran hat, wenigstens minimal die Hintergründe von sol-chen Angeboten zu beleuchten.

All diese Dienste kosten Geld. Sie müssen entwickelt werden (von Menschen, die Geld für ihre Arbeit bekommen wollen).

Die Dienste müssen auf teuren, leistungsfähigen Server gehostet werden. Schon allein die Hardware dafür kostet viel Geld.

Diese Server brauchen Strom. Das kostet Geld.

Leider wurde mit dem irreführenden Begriff der „Cloud" hier ein fantastischer Marketing-Trick genutzt.

Es kommt alles aus den Wolken. Es klingt leicht, unbeschwert und frei.

Dass die „Cloud" einfach nur aus den Servern anderer Leute besteht, kann man daher getrost vernachlässigen.

Aber das ist eben Desinteresse.

Machen wir uns diesen Zusammenhang mit folgendem Merksatz bewusst:

„There is no free lunch."

***

TL;DR

- Nicht-Wissen schützt nicht: Naiv - weil uninformiert

- Mir egal ist auch nicht gut: Naiv - weil desinteressiert

So, jetzt liebe Digital Na(t)ives, erhebt euch aus eurer selbstverschuldeten Unmündigkeit und schwingt euch auf in eine selbstbewusste digitale Mündigkeit.

11. Silver Surfer

11.1 Noch nicht zu alt zum Surfen!

Habe ich mit den letzten Artikel mit der Jugend unserer Gesellschaft befasst, will ich mich in den folgenden Artikeln mit dem altersgemäß entgegengesetzten Spektrum dieser vielschichtigen Gesellschaft befassen: den Silver Surfern.

Silver Surfer? Beleidigung!

Zunächst räume ich mit einer bedauerlichen Missinterpretation auf.

Silver Surfer ist keinesfalls pejorativ gemeint - ganz im Gegenteil.

Ist dieser Begriff doch geradezu ein Ausdruck von Wertschätzung und Respekt.

Denn immerhin schwingen hier zwei Konotationen mit:

- Silverbacks sind schließlich die unangefochtenen Chefs im Gorilla-Ring. Die Babos. Beim „Rumble in the Jungle" sind die Silverbacks die klaren Favoriten. Also: Silver Surfer sollten sich einfach als die Silverbacks des virtuellen Raums ansehen!

- *Der* Silver Surfer ist einer coolsten (und silbernsten!) Superhelden aus dem Marvel-Universum. Legt er sich zunächst noch im Auftrag von Galactus mit den Fantastischen Vier (nicht die aus

Stuttgart) an, wechselt er doch bald auf die andere Seite - seine eigene nämlich - und lehnt sich von da an gegen den vorherigen Usurpator auf. Chapeau, sage ich!

Also - wenn das kein positives Licht auf den Begriff der Silver Surfer wirft, dann weiß ich auch nicht.

„Mit großer Macht geht große Verantwortung einher"

Bleiben wir noch ein wenig im Marvel-Universum.

Dieses Zitat von seinem Onkel Ben Parker prägt das weitere superheldische Verhalten von Spider-Man. Es ist entstanden aus der großen Lebensweisheit von Ben Parker und soll euch Silver Surfern ebenfalls ein Hinweis auf eure Verantwortung sein.

Ihr seid - ob es euch bewusst ist oder nicht, ob es euch recht ist oder nicht - Vorbilder. Besonders für die Digital Natives. Kinder lernen zunächst durch Nachahmung der Verhaltensweisen, die sie von ihren Bezugspersonen vorgelebt bekommen. Und das seid ihr, die Silver Surfer. Dies fordert naturgemäß von euch, dass ihr euch vorbildlich (und nicht nachahmend) verhaltet.

Ihr seid aufgefordert zu reflektieren und nicht zu kopieren.

Mir ist bewusst, dass dies viel von euch fordert. Ihr wollt mit den Digital Natives kommunizieren. Aber macht dies nicht, ohne euch ein eigenes Bild zu machen, was auf euch zukommt. Digital Natives sind nur jünger als ihr- sie wissen nicht mehr über digitale Kommunikation als ihr, oftmals ganz im Gegenteil.

History will teach us ... something!

Liebe Silver Surfer, nutzt eure Lebensweisheit und baut darauf eure Arbeitsweise mit digitaler Kommunikation auf.

Euer Vorteil gegenüber den Digital Natives, ist eure Erfahrung und euer Wissen aus der Geschichte.

Auch die Digital Natives müssten diese beispiellosen Zustände staatlichen Kontroll- und Überwachungsirrsinns zumindest im Unterricht mitbekommen haben. Aber euch Silver Surfern sind die Überwachung und Manipulation durch Nazi-Regime und Stasi teilweise noch aus eigener Erfahrung bekannt. Daher - lernt daraus! Wehrt euch gegen digitale Überwachung und Manipulation, die bereits in gigantischem Umfang stattfindet. Bringt euer Wissen und eure Erfahrung in die Digitalisierung der Gesellschaft ein.

Es ist für eine positive Entwicklung unserer Gesellschaft unabdingbar, dass ihr euer Wissen und eure gelebte Erfahrung in den Prozess der Digitalisierung mit einbringt. Wenn wir nicht begleitend an der Entwicklung mitarbeiten, werden wir mit dem leben müssen, was uns andere - „verkleidet" als Transparenz (Auflösung der Privatsphäre), als personalisierte Inhalte (Manipulation) und Sicherheit (Überwachung) verkaufen wollen.

Seid keine exzellenten Schafe, die nur der Herde hinterherlaufen. Seid Wölfe, seid Silverbacks und gestaltet eure Zukunft aktiv selbstbewusst.

Teach old dogs new tricks

Ich halte nichts von Sprichwörtern, die demotivierend sind. Ich glaube fest daran, dass wir - auch in hohem Alter - neue Dinge lernen können, wenn wir dies wirklich wollen.

Beispiele dazu gibt es zuhauf:

- autodidaktisch stricken lernen im hohen Alter von vierzig Jahren

- Spanisch lernen im Selbststudium jenseits des magischen vierten Lebensjahrzehnts

Wir hören ja auch nicht auf, neue Leute kennenzulernen, also warum nicht neue Technologien lernen, neue Kommunikationswege entdecken.

Darüber hinaus, hält uns lernen jung.

Der Vorteil eines erfahrenen Lebens besteht jedoch ganz klar darin, dass wir jetzt nicht mehr durch reines Nachahmen lernen müssen. Jetzt sollten wir durch eigene Reflexion und Erkenntnisgewinn lernen.

Ist es nicht auch das Privileg des Alters, das wir bereits gelernt haben zu lernen? Also sollte es uns leicht fallen, Neues zu lernen.

Weiterhin kommt noch hinzu, dass wir auch dadurch vorbildlich für die Digital Natives auftreten können.

Wir sollten den Digital Natives nicht durch Nachahmen gefallen wollen - darauf steht nun wirklich überhaupt kein Jugendlicher: so-tun-als-ob. Wir sollten Jugendlichen respektvoll und ehrlich gegenüber treten, indem wir ihnen unsere Erfahrung, unsere Kenntnisse und unser offenes Interesse entgegenbringen.

Hier gilt

„live it like you mean it." und nicht „Fake it until you make it."

Denn Fake erkennen die Digital Natives - da erkennen sie sich selbst zu sehr wieder, denn sie sind lediglich Power-User ohne wirkliches Hintergrundwissen.

Don't feed the hypes

Wir haben doch im Laufe unseres Lebens - das ist der noble Vorteil des Alters - gelernt, dass hinter jedem Trend, hinter jedem Hype zumeist - nichts steckt, außer einer Menge Verdruss und viele leere Versprechungen. Machen wir uns doch im Vorhinein zunächst Gedanken darüber, was und wer hinter dem nächsten heißen Scheiß steckt. Übt eure neuen Fähigkeiten in Internetrecherche und digitaler Kommunikation, um kritisch die Dinge zu hinterfragen, die euch wie geschnitten Brot angepriesen werden.

253

Denn genau wie geschnitten Brot wird auch das vermeintlich „kostenlose" und „freie" allzu bald trocken und teuer.

Die Digitalisierung unser Kommunikation und der gesamten gesellschaftlichen Prozesse hebeln nicht die betriebswirtschaftlichen Grundsätze von Kosten, Investitionen, Umsatz und Gewinn aus.

> *„There is no free lunch."*

Und auch der Tod ist nicht umsonst - er kostet uns das Leben.

Behaltet einfach folgendes im Hinterkopf:

> *„Wenn du nicht dafür zahlst, bist du nicht der Kunde. Dann bist du das Produkt."*

Danke für diese einprägsamen Worte, Jaron Lanier.

***

TL;DR

- Silver Surfer? Eine Beleidigung! - Nein, ihr seid die Noblesse digitale!

- Das Privileg des Alters - „Mit großer Macht geht große Verantwortung einher"

- Wir haben das alles noch selbst erlebt - History will teach us ... something

- Never too old to learn - Teach old dogs new tricks

- Reflektieren statt kopieren - Don't feed the hypes

Also - tapfer voran, liebe Silver Surfer, und unterstützt die Digital Natives in ihrer Entwicklung. Nach euren Kräften.

11.2 Ich hab ja nichts mehr zu verlieren

In meinem vorangegangenen Artikel habe ich mir grundlegend Gedanken darüber gemacht, was Silver Surfer sind.

Ich habe erläutert, welche Verantwortung Silver Surfer tragen und welch große Macht in ihrer Erfahrung steckt.

Heute stelle ich Überlegungen an, warum Silver Surfer motiviert sein sollten, bewusst und verantwortungsvoll mit ihren Daten und ihrer Privatsphäre umzugehen.

These: Au Contraire - Wir haben viel zu verlieren

Der Gedanke „Ich habe nichts zu verlieren" ist ähnlich unüberlegt wie das Un-Argument „Ich habe ja nichts zu verbergen".

Wir leben in einer der freiesten Gesellschaften - darüber hinaus in der längsten Periode ohne Krieg und Unterdrückung, die Europa je erlebt hat.

Gute Gründe, sehr dankbar zu sein. Vermutlich beneiden uns die Allermeisten dafür.

Allerdings kann die vermeintliche Selbstverständlichkeit dieses Umstands auch dazu führen, dass wir leichtfertig mit diesen „Geschenken" umgehen. Meiner Ansicht nach kann ein fahrlässiger Umgang verheerende Folgen haben.

Wir vergessen häufig, dass die Eckpfeiler unserer Gesellschaft Freiheit und Privatsphäre sind. Und diese Pfeiler können wir durchaus verlieren.

Die Freiheit unserer Gedanken und die Privatsphäre sind durchaus Werte, die wir auch und gerade als Silver Surfer verlieren können.

Behaltet dies im Gedächtnis, Silver Surfer - ihr mehr als andere Generationen nach euch - habt noch Regime erlebt, in denen diese Grundpfeiler der Gesellschaft bis zur Untauglichkeit ausgehöhlt waren.

Daten bleiben - für immer

Möglicherweise rührt die Idee, nichts mehr zu verlieren zu haben, auch daher, dass den Silver Surfern bewusst ist, dass die Daten, die auf Millionen fremder Server (der unerträglich überstrapazierten „Cloud") gespeichert sind, auch für immer dort gespeichert bleiben.

Ergo können diese Daten nicht verloren gehen.

Zunächst richtig gedacht. Die Daten bleiben dauerhaft gespeichert. Daran ändert auch das in der neuen europäischen Datenschutzgrundverordnung postulierte „Recht auf Vergessen" nichts.

Die Daten bleiben dort gespeichert, daher können wir sie auch nicht mehr verlieren. Was wir allerdings verloren haben, ist unsere Souveränität über diese Daten. Und Daten, die wir aus der Hand gegeben haben, entwickeln ein Eigenleben. Dieses Eigenleben gereicht uns in aller Regel nicht zum Vorteil.

Ein noch verheerenderes Szenario in Bezug auf den Verlust unserer Daten ist Datendiebstahl.

Das geschieht häufiger, als man vermutet. Eigentlich ständig. Gewiss einmal pro Woche hören wir von einem großen Datenklau. 162 Millionen Konten bei LinkedIn gehackt.

62 Millionen Dropbox-Konten kompromittiert.

Geburtsdaten, Adressen und weitere Daten wurden aus Hipps Mein BabyClub[1] gestohlen.

Derartiges passiert mittlerweile in trauriger Regelmäßigkeit.

Allerdings, so mein Gefühl, messen wir unseren Daten zu wenig Bedeutung bei - oder sind wir bereits so abgestumpft, dass erst

---

[1] https://www.heise.de/security/meldung/Datenleck-bei-Hipp-Adressen-und-Passwoerter-bei-Mein-BabyClub-abgegriffen-3234138.html

massive Datendiebstähle (500 Millionen Yahoo-Konten) es in die allgemeinen Nachrichten schaffen[1].

Und was passiert dann? Ein Unternehmen, welches jahrelang die Sicherheit der ihm anvertrauten Daten aufs Schändlichste vernachlässigt hat (wohlgemerkt nicht die seiner eigenen Unternehmensdaten - sondern der Daten seiner „Kunden"), macht „staatliche Akteure" für den Datendiebstahl verantwortlich - und riskiert nebenbei mit diesem Narrativ sogar einen militärischen Gegenschlag gegen „staatliche Akteure"[2].

Anstatt die Verantwortung, für überaus schlampige Datensicherheit zu übernehmen, werden einfach lächerliche, unhaltbare Behauptungen propagiert[3]. Na, Verizon wird viel Spaß bei der Übernahme von Yahoo haben.

Verantwortung - für euch und andere

Silver Surfer, selbst wenn ihr so fest davon überzeugt seid, dass ihr nichts mehr zu verlieren habt - denkt an andere, die noch etwas zu verlieren haben.

Die Daten, mit denen ihr schlampig umgeht, hören nicht bei euch auf. Daten sind immer mit anderen verknüpft. Kein Datensatz steht

---

[1] https://www.tagesschau.de/ausland/yahoo-133.html
[2] https://netzpolitik.org/2016/bundesregierung-cyberangriffe-sind-geeignetes-mittel-hybrider-konfliktaustragung/
[3] http://www.golem.de/news/500-millionen-hack-yahoo-sparte-an-der-sicherheit-1609-123520.html

für sich allein. Geht es um Metadaten - also die Information, wann ihr mit wem, wo und wie lange kommuniziert habt - so betreffen diese Daten nicht nur euch, sondern auch eure Kommunikationspartner. Denkt darüber nach, vielleicht haben diese Kommunikationspartner keine Lust darauf, ihre Daten zu verlieren. Ihr tragt Verantwortung für eure Kommunikationspartner!

Es geht hierbei um die Fotos eurer Enkel und Kinder, die ihr durch eure WhatsApp-Nachrichten Unternehmen wie Facebook schenkt. Es geht um eure intimen Arzt-Gespräche, die ihr nachverfolgbar im Internet hinterlasst. Es geht um vertrauliche Geschäftskommunikation, die ihr mit euren Geschäftspartnern teilt.

Dies gilt in hohem Maße, wenn ihr Gmail als E-Mail Anbieter nutzt. Auch wenn euer Kommunikationspartner nicht Gmail nutzt - seine Mails landen trotzdem bei Google und werden dort gelesen und ausgewertet.

Überlegt euch, ob ihr die Verantwortung dafür übernehmen wollt, dass eure Kommunikationspartner unwissentlich mitüberwacht werden. Informiert euch - nutzt Alternativen, die mit euren Kommunikationsdaten sorgfältig umgehen.

Handelt - und sucht euch E-Mail Anbieter aus, die eure Mails nicht lesen und euch nicht überwachen. Posteo[1] ist eine fabelhafte, preisgekrönte Alternative an dieser Stelle.

---

[1] https://posteo.de/de

Rechnen wir kurz durch: Ein E-Mail Postfach bei Posteo kostet 1€ pro Monat. Dagegen ist ein E-Mail Postfach bei Google „kostenlos". Sollte uns das nicht zu denken geben? Google ist das zweitwertvollste Unternehmen der Welt. Dieses Unternehmen hat nichts zu verschenken. Wenn wir deren Dienste nicht mit Geld bezahlen, dann bezahlen wir auf andere Weise dafür. Und unsere Daten die wir für diese Dienstleistung preisgeben, sind definitiv mehr wert als 1€ pro Monat.

Um einen noch besseren Schutz eurer Daten zu erreichen: Verschlüsselt eure Mails. Es ist viel einfacher, E-Mail-Verschlüsselung einzurichten, als es viele unkende Stimmen immer noch und immer wieder darstellen.

Wir können nicht *nicht* handeln

Letztendlich müssen wir anerkennen, dass wir nicht *nicht* handeln können.

Für alles, was aus unseren Händen „genommen" wird, tragen wir zumindest eine gewisse Verantwortung.

Wir tragen tatsächlich Verantwortung, ob wir es wollen oder nicht. Für unsere Daten. Für unsere Freiheit. Für unsere Privatsphäre.

Wir haben etwas zu verlieren.

Und ob wir jetzt 8, 18 oder 80 Jahre alt sind - Freiheit und Privatsphäre zu verlieren ist eine furchtbare Sache.

Wenn wir einfach aufgeben und sagen „ich habe ja nichts mehr zu verlieren", dann haben wir alles verloren, was uns ausmacht. Dann geben wir uns auf. Dann sind wir nicht länger Souverän unseres Lebens.

Wir können diese Entscheidung treffen - allerdings verlieren wir dann noch ein weiteres Element unseres Wesens:

Dann nämlich verlieren wir unsere Glaubwürdigkeit. Wir können uns nicht über die „schlimmen" Zustände beklagen - und keine Gegenmaßnahmen ergreifen.

Denn wenn wir selbst die Souveränität über unsere Daten aufgegeben haben, dürfen wir uns nicht länger über das nachlässige Verhalten anderer beklagen.

Wir müssen beispielhaft mit unseren Daten umgehen und auf diese Weise positiv auf unsere Nächsten einwirken.

Heulen und Zähne knirschen bewirkt nichts. Bestenfalls ernten wir nur Widerstand und Ablehnung. Daher mein Aufruf an euch Silver Surfer:

Seid souverän mit euren Daten!

Handelt so, wie ihr behandelt werden wollt.

***

TL;DR

- nothing to lose - au contraire: Wir haben viel zu verlieren

- nichts bleibt für die Ewigkeit - Außer Daten, die bleiben für immer

- wenn nicht für dich dann wenigstens für andere - Verantwortung - für euch und andere

- Sand in den Kopf stecken ist auch eine Lösung - Wir können nicht *nicht* handeln

Und jetzt?

Handelt, liebe Silver Surfer, handelt so, als ob es um eure Freiheit ginge - darum geht es nämlich in der Tat.

11.3 Früher war alles besser

Heute ändere ich meine übliche, digital-pessimistische Blickrichtung und mache den Silver Surfern unter uns Mut, die Vorzüge digitaler Kommunikation zu nutzen.

Wenn wir dem beständigen Wandel als Konstante unseres Lebens Rechnung tragen, können wir zum einen in nostalgischer Erinnerung schwelgen. Zum anderen können wir aktiv an der Gestaltung des Kommenden mitwirken und werden davon nicht überrannt. Aber das Beste daran ist, dass wir genau in dem Hier und Jetzt leben können, in dem wir leben wollen.

Und - wir können das Beste aus der Vergangenheit jetzt nehmen und es für unsere Zukunft einsetzen - Bakelit-Schalter zum Beispiel.

***

Früher war nicht *alles* besser, aber vieles anders.

Nostalgie hat den Vorteil, dass wir uns an die schönen Dinge der Vergangenheit erinnern - häufig kombiniert mit dem Nachteil, dass wir manches Mal die dunkleren Flecken heller malen, als sie es tatsächlich waren.

Mary Schmich fasst dies gut in ihrem Essay „Wear Sunscreen" zusammen - mit den Zeilen

> *„Advice is a form of nostalgia. Dispensing it is a way of fishing the past from the disposal, wiping it off, painting over the ugly parts and recycling it for more than it's worth."*

Die Vergangenheit hatte ihre Zeit. Das Wesentliche an der Vergangenheit ist aber nun mal, dass sie vergangen ist. Es bringt uns nichts und uns schon gar nicht voran, wenn wir kontinuierlich daran festhalten, dass früher alles besser war. Das war es nicht. Es war anders. Morgen wird auch anders sein als Heute. Es bringt uns ebenso wenig, wenn wir darüber klagen, dass es Morgen anders sein wird, als es Heute ist. Das Einzige was Bestand hat, ist der Wandel.

Insbesondere in einer Zeit, in welcher Wandel so schnell und all-umfassend stattfindet wie heute, ist es hilfreich, den Wandel für sich zu nutzen.

Beharrliches Klagen darüber, dass früher *alles* besser war, kann uns schnell auf das Abstellgleis der Geschichte führen.

Allerdings kann ein allzu unreflektiertes Voranstürmen in die digi-tale Zukunft zu einem Absturz in den Abgrund der virtuellen Welt führen. Es sind noch nicht alle Brücken gebaut, die uns über die möglichen Abgründe führen - und nicht alle von uns besitzen einen zeitreisegestählten DeLorean.

***

Digitales hat auch seine guten Seiten

Im Hinblick auf die Digitalisierung unserer Kommunikation ist es sogar völlig ungültig und überdies wenig hilfreich, mit dem Argu-ment „früher war alles besser" zu arbeiten. Denn was digitale Kommunikation angeht, gibt es kein „früher", auf welches wir uns sinnvollerweise berufen könnten.

Es sei denn, wir sprechen von kurzen Zeiträumen wie „vor drei Jahren" bis etwa „vor zehn Jahren".

Mittels digitaler Kommunikation erleben wir eine hochverfügbare und in allen gesellschaftlichen Bereichen vorhandene Kommunikationspalette ohne bisherige Präzedenz.

Wenn wir nun die Segnungen der digitalen Kommunikation auch noch mit gesundem Menschenverstand und mit kritischem Blick paaren, dann werden wir von den neuen Entwicklungen profitieren und nicht darunter leiden.

* * *

Nutzen wir digitale Kommunikation - mit Verstand, nicht aus Gruppenzwang

Wenn wir informierte Nutzer dieser Kommunikationsform sind - anstatt lediglich schnelle Anwender zu sein - dann können wir gezielt in die von uns gewünschte Richtung steuern. Andernfalls werden wir in eine Richtung gezogen oder geschoben, die wir nicht für wünschenswert halten - und auf die wir außerdem keinen Einfluss haben. Dieses Vorgehen halte ich übrigens für valide, um nicht der „früher war alles besser"-Traurigkeit zu erliegen. Einfluss nehmen auf das, was kommt - anstatt zu beklagen, dass nicht mehr ist, was früher vermeintlich besser war. Noch einen weiteren Vorteil hat die bislang unvergleichliche Digitalkommunikation. Es handelt sich nicht nur um einen einzelnen Kommunikationskanal - wir haben heute die Auswahl aus unterschiedlichen Kanälen, Technologien und Anbietern. Wir müssen nicht mehr „binär" abwägen zwischen - Telefon oder - kein Telefon. Wir können aus einer breiten Palette an Kurznachrichtendiensten, Videotelefonie-Plattformen, E-Mail-Anbietern, sozialen Netzwerken *und* den bisherigen Kanälen Telefon, Brief und persönliches Treffen auswählen. Wir sind nicht gezwungen, *alle* möglichen und verfügbaren Varianten auszuschöpfen. Wir müssen im Grunde nicht einmal eine davon überhaupt auswählen. Uns aber pauschal vor den neuen Möglichkeiten zu verschließen - mit dem fadenscheinigen Hinweis „früher war alles besser" - halte ich für falsch und gefährlich. Gefährlich vor dem Hintergrund, dass wir Gefahr laufen, fremdgesteuert zu werden, wenn wir relevante Themen nicht aufmerksam „begleiten" und falsch, weil es irgendwie „am Leben vorbeizielt".

Ich halte es für wichtig, nicht aus einem externen Zwang heraus zu handeln - nach dem Motto „weil es eben alle nutzen"- muss ich diese Anwendungen und Kanäle ebenfalls nutzen. Es gibt neben den durch reine Masse (oder gutes Marketing) augenfällig gewordenen Werkzeugen auch Alternativ-Lösungen. Bloß weil es „Massenware" ist, ist es nicht zwangsläufig besser. Ich verweise an dieser Stelle nur auf Betamax vs. VHS oder Linux vs. Windows (wobei Linux glücklicherweise ein besseres Schicksal hat als seinerzeit Betamax).

***

Nutzen wir Alternativen.

Welche Alternativen haben wir denn?

Und warum kennen wir eigentlich keine?

Gute Fragestellungen - auf die ich hier Antworten liefern möchte.

Zunächst - warum kennen wir so wenige Alternativen.

Nun, uns muss zum einen bewusst sein, dass es Alternativen zu allem und jedem gibt. Da jedoch die Platzhirsche mit brachialer Werbemacht in unsere Aufmerksamkeit gebrochen sind, überhören wir die leisen Stimmen der alternativen Anbieter sehr leicht. Und warum sollten wir auch auf diese leisen Stimmen hören? Die Platzhirsche klingen doch viel bunter, schöner und hipper - Bunt und Klickbar :)

An dieser Stelle tritt ein weiteres Problem zutage: Wir haben gar nicht den notwendigen Rundumblick, um unterscheiden zu können, warum die Alternative mit der leisen Stimme denn so viel besser sein sollte als der schöne, bunte Platzhirsch mit seinem tollen, bunten und umfangreichen Angebot. Das zusätzlich auch gar nichts kostet!

Außer unseren Daten und unserer Privatsphäre eben.

Und hier bin ich auch schon bei dem Hauptgrund, warum wir die Alternativen nutzen sollten.

Diese Anbieter wollen sich in der Regel nicht unsere Daten unter die Nägel reißen. Diese Anbieter gehen andere Wege - z.B. „pay as you use".

Und welche Alternativen gibt es nun?

- diaspora* statt Facebook: Teile dich deinem Netzwerk mit und nicht der gesamten virtuellen Welt

- gnuSocial statt Twitter: Offen und frei anstatt „Daten für Google oder Salesforce"

- XMPP statt WhatsApp: Chatten mit unseren Freunden - ohne die Daten an Facebook zu verlieren

- Posteo anstatt Gmail: Sicher schreiben - ohne dass Google dabei mitliest

***

TL;DR

- Früher war nicht *alles* besser: Nostalgie mit Blick nach vorn

- Digitales hat seine guten Seiten: Es gibt kein relevantes früher

- Nutzen wir digitale Kommunikation: viele Möglichkeiten statt Einheitsbrei

- Nutzen wir Alternativen: Gebt den leisen Stimmen eine Chance

Und jetzt, liebe Silver Surfer, geht mit nostalgischem Blick und wohl informiert in die Zukunft.

11.4 Das ist alles so kompliziert

Heute setze ich meinen Kurs zur Stärkung des Selbstbewusstseins der Silver Surfer fort - wir müssen nicht nur den Mut finden, Altes loszulassen und Neues, Unbekanntes zu ergreifen, sondern auch die Furcht vor vermeintlich Kompliziertem verlieren.

Silver Surfer befinden sich in der unangenehmen Zwickmühle zwischen „wir sind zu alt für all das moderne Zeug" und „wir müssen unbedingt das Neue nutzen, ansonsten verlieren wir den Kontakt zu unseren Kindern und Enkeln".

Beginnen wir doch ganz locker Schritt-für-Schritt und nähern uns der Frage, ob denn tatsächlich alles so kompliziert ist, wie es manch ein Silver Surfer befürchtet.

***

Never too old to learn new tricks

Betrachten wir das ganze Thema Digitalisierung unter dem Aspekt der Herausforderungen und Möglichkeiten.

Wenn wir Neues erfahren und Neues lernen, hält uns dies geistig rege! So lange wir lernen und unsere kleinen grauen Zellen mit neuen Herausforderungen beschäftigen, rosten wir nicht ein!

Es ist eine falsche Sichtweise, wenn der Volksmund sagt, ein alter Hund lernt keine neuen Tricks.

Mit dieser Gesinnung beschränken wir uns einfach selbst. Wir sollten uns daher an positiven Beispielen orientieren. - Wir können problemlos im mittleren Alter von jugendlichen vierzig Jahren noch stricken lernen.

- Den Schritt in die Selbstständigkeit können wir ohne Scheu erst jenseits der großen Vier wagen (Dem Schwaben nach wird der Mensch sowieso erst mit vierzig gscheit).

- Viele Golfer starten ihre Sportkarriere erst nachdem sie den Tennisschläger an die Wand oder Fußballschuhe an die nächste Laterne gehängt haben.

Wir sollten anerkennen, dass wir mittlerweile in einer Zeit leben, in welcher neue Möglichkeiten und Herausforderungen viel schneller entstehen (und auch wieder vergehen) als dies noch vor fünfzig Jahren so war.

Das Rad der technischen Entwicklung dreht sich heutzutage schneller. Es hat wohl Jahrhunderte gedauert, bis der Buchdruck sich in allen Schichten und Regionen durchgesetzt hat. Der Fernsprecher hat sich erst im Laufe von Jahrzehnten als Kommunikationsmittel gesellschaftsdurchdringend etabliert. Fernsehen verbreitete sich schon deutlich schneller. Und heute erleben wir eine nahezu vollständige Revolution digitaler Kommunikationsmittel im Laufe von wenigen Jahren.

Die Entwicklung wird schneller. Wir müssen nicht jeden einzelnen Schritt als Pionier der ersten Stunde vorantreiben. Wir müssen uns noch nicht einmal jede Neuerung zu eigen machen. Aber was wir tun sollten, ist aufmerksam und offen die Entwicklung beobachten, damit wir dann von der Entwicklung nicht überrollt werden.

Silver Surfer müssen lernen, lernen, lernen

Was Frau Mahlzahn Jim Knopf als Begrüßungsrede in der Stadt der Drachen ans Herz legt, lege ich euch Silver Surfern auch ans Herz: Lernt!

Es gibt zwar keine Hiebe, wenn ihr nicht lernt und ich will auch nicht, dass ihr still sitzt - ganz im Gegenteil! Bewegt euch - beherzt - durch virtuelle Welten. Tobt euch aus, indem ihr Neues ausprobiert und euch weiter bildet.

Wir leben in einer Zeit, in welcher wir damit rechnen müssen, dass durch technische Innovationen uns alle fünf Jahre eine Revolution der digitalen Kommunikation bevorsteht. Wenn wir dieser Entwicklung standhalten wollen, müssen wir uns ans Lernen gewöhnen. Nutzen wir doch den Schwung dieser schnellen Entwicklung für uns aus, indem wir Kraft sammeln durch das Lernen. Auch in der Raumfahrt wird die Wechselwirkung aus vorhandener Geschwindigkeit und einer großen Masse ausgenutzt, um ein

Raumfahrzeug mit geringen Treibstoffeinsatz möglichst effektiv zu beschleunigen. Dieses Manöver nennen wir Swing-By. Also lasst uns einen geistigen Swing-By durchführen, indem wir die Geschwindigkeit der technischen Entwicklung nutzen und in Kombination mit unserer Begeisterung immer wieder Neues zu lernen.

Wir werden sehen, es wird jedes Mal einfacher und wir kommen schneller und weiter als je zuvor!

***

Neues lernen, ist nichts Neues

Wir mussten doch schon immer Neues lernen - warum sollte uns dies plötzlich ab einem gewissen Alter verwehrt sein?

Es ist doch schließlich in unserer Gesellschaft ein Privileg, dass wir unseren jungen Mitbürger eine gute Bildung, ein gutes und durchlässiges Schulsystem bieten. Warum sollte dieses Privileg nur auf die Jugend beschränkt sein?

Gerade etwas wie eine gute Bildung, für das wir und unsere Vor-fahren gekämpft haben, sollte doch auch in späteren Jahren noch ausgekostet werden. Es wäre doch eine Schande, wenn wir einfach aufhören würden zu lernen. Wir haben doch lange Jahre, erst in den verschiedenen Schulsystemen, anschließend in einer beruf-lichen Ausbildung oder einer Hochschule, gelernt zu lernen. Viele lernen auch anschließend im Beruf weiter oder bilden sich an Abend- oder Volkshochschulen weiter. Es gibt keinen Grund dieses lang antrainierte Lernen aufzugeben.

Es macht Spaß, erweitert den Horizont - und weil wir es über lange Jahre gelernt haben, wird es immer besser - das Lernen!

Ich halte ein Plädoyer für das Lernen. Denn Lernen hat so viel Gutes, so viel Energie, so viel Spaß, so viel Sex!

Es ist wirklich nichts Neues, wenn wir lernen, aber doch ist der Inhalt wieder neu und aufregend und damit einfach ein Abenteuer, welches jeder - egal wie alt - erleben kann!

***

Mach es einfacher, als es ist

Vereinfache das Komplizierte - das ist mein Lernkonzept. Wenn wir lernen, Dinge einfach zu betrachten und sie zunächst für uns nutzbar zu machen, dann haben wir einen Hebel gefunden, der es uns auch erlaubt, anderen diese Dinge beizubringen.

Und wenn wir beginnen anderen Dinge beizubringen, die wir verstanden haben, dann vertieft sich auch für das erlernte Wissen!

Ein wundervoller Kreislauf entsteht. Ein Perpetuum Mobile des Wissens. Wir lernen etwas für uns und geben anderen mehr, als wir selbst für uns gelernt haben: Wissen und Hoffnung.

Ich kann mir kaum eine bessere Art vorstellen, um mit Menschen in Kontakt zu kommen, als ihnen etwas beizubringen, das ich selbst gelernt habe und für mein Verständnis vereinfacht habe.

Jeder von uns hat etwas, dass er anderen mitgeben kann. Wir alle sind unendliche Brunnen des Wissens - wir sollten uns nicht selbst das Wasser abdrehen. Ganz im Gegenteil: Wir sollten unerschöpflich und freigiebig unser Wissen teilen. Auf einer breiten Basis von geteiltem Wissen kann auch kein Missverständnis gedeihen.

***

Habe Mut vor Fehlern - wir müssen keine Experten werden

Es ist noch kein Meister vom Himmel gefallen. Genau! Darum scheue dich nicht davor, Fehler zu machen. Fehler sind die besten Lehrmeister, die du dir wünschen kannst. Ein Fehler hilft dir oft viel schneller, etwas zu verstehen als es viele Stunden theoretischen Büffelns könnten.

Du machst einen Fehler, bemerkst ihn, denkst nach und korrigierst ihn. Fehler sind angewandtes Lernen. Mir tun Menschen leid, die behaupten, dass sie keine Fehler machen - denn das sind Menschen, die nichts lernen. Wenig Fehler macht man, wenn man nichts tut. Versuche, so viele Fehler wie möglich in so kurzer Zeit wie möglich zu machen - dann lernst du viel.

Und vergiss auch jedes Ziel. Der Weg ist das Ziel. Das Lernen ist deine Belohnung. Nicht, dass du am Ende deines Lernprozesses ein Experte in Irgendwas bist. In unserer Zeit ist so viel Wissen vorhanden, dass noch nicht einmal ein Experte in seinem Fachgebiet alles über dieses Fachgebiet wissen kann. Sei stolz auf dein Lernen und sei stolz auf deine Fehler.

***

TL;DR

- Alter schützt vor Lernen nicht: Never to old to learn new tricks

- Frau Mahlzahn spricht: Silver Surver müssen lernen, lernen, lernen

- Ein bewährtes Konzept: Neues lernen ist nichts Neues

- Sei ein Lernender, sei ein Lehrender: Mach es einfacher als es ist

- Es gibt keine Fehler: Habe Mut vor Fehlern

Und heute mein Tipp aus der Verschlüsselungspraxis:

Die Eckkneipe als Alternative zu E-Mail-Verschlüsselung und echtes soziales Netzwerk